克里斯·李 著

暢銷最新版

台中私房小旅行

Taichung

半日 & 一日這樣玩就對了！

在地導遊深度攻略！
跟著捷運輕鬆遊，
人氣景點×絕品美食×藝文散策

# 台中捷運綠線：探訪台中國際城的地方味

　　我與 Chris 相識於 30 年前的中台科大，當年的他青春、活躍，今日的他斜槓、多才。國際旅遊導覽、旅遊作家、校園專業講者、藝術品收藏家，並且常接受電台專訪。近日欣聞其又有新的台中旅遊專書問世，高興之餘，受邀為新書留下些祝福的話。

　　台中捷運綠線於 2021 年 4 月 25 日通車。鐵道與旅遊向來是關係緊密，西方鐵道公司常是觀光地的重要促銷者；日本大正年間就有滑雪活動的宣傳列車；台灣 1937 年鐵道部下設立「觀光係」，負責觀光資源調查開發、觀光設施管理與促進，觀光事業宣傳等。個人在德國、瑞士、日本各地旅遊，也多次利用軌道參訪各地，都留下美好的體驗與回憶。

　　台中是台灣的第二大都市，擁有豐富、多樣的自然和人文資源，是現代人旅遊休閒的好所在。每一個城市的歷史縱深，常常隨著運輸技術革新而轉變。清領時期，中部以鹿港為貿易口岸，彰化城為貨物交易中心，人、貨出城向北渡大肚溪，北上入台中，循麻園頭溪水路，經犁頭店街（今南屯）、四張犁至葫蘆墩（今豐原），為當時重要的南北往來路線，沿線發展出許多街肆和聚落。

　　日據時期，台中因鐵路設站於此，成為都市發展的新節點，火車站前的商業繁榮與市區改正的規劃，而有今日台中舊城的日式風華。1980 年代高速公路與中港交流道的完成，開啟了台中的新門戶與汽車運輸，形塑了中港路上百貨公司與商店林立的新商圈。2018 年的鐵路高架化和輕捷運化竣工，2021 年春的捷運綠線通車，台中城市空間結構將再次重組，非常值得世界各地旅人，利用新的運輸載具、新的旅遊視角，探訪台中國際城的地方味。

法國社會學家 Feifer（1985）指出當代遊客具有後觀光客（pos-tourist）性格，擁有自主意識，不再依賴觀光產業所安排與解釋的旅遊方式；揚棄大眾旅遊，追求多樣性、差異性的體驗與消費之另類旅遊。如此，地學旅遊（geotourism）似乎是不錯的旅遊方式，不同於通俗的大眾旅遊，從字面上看，向地方學習，深刻的了解、體驗、增強旅遊地的知識與特徵，包含自然與人文的地景風光。

　　到南屯站可以探查體驗犁頭店街、萬和宮的歷史、風俗、建築古蹟與傳統美食等。到火車站走踏舊城巷弄、見識日式空間形式、體驗古建築新創生的樂趣。到北屯總站，觀看大坑自然風光、生物多樣性與車籠埔斷層所述說的地質故事。到逢甲品嘗夜市美食、到豐原探訪糕餅產業等。這本書正可以協助各地來的旅者，經由軌道、自主地進入台中各地，學習、體驗、品嘗台中味，來個深度之旅。

　　作者是位經驗豐富的國際導遊，出版了多本國外的旅遊專書，這次將心力奉獻給台中，以其旅遊的敏銳力，察覺台中隨捷運的完成，將有新的旅遊方式。以綠、紅捷運站為核心，踏查周邊各知名景點、古蹟建築、老街、餐飲美食、市場小吃、旅店、商店街等，依交通的便利性，設計旅遊地網絡；並且配合介紹各種運輸與接駁工具、各處住宿地點；同時搭配詳細的地圖，方便各地來的漫遊者尋幽訪勝。這本書是一本有深度、有廣度，更便於參閱的旅遊好書。

國立台中教育大學 區域與社會發展系教授

# 台中：世界百大城市的傳統與躍動

　　台中捷運綠線於 2021 年 3 月 25 日試營運，從台中高鐵站出發到終點北屯總站，貫穿台中市由南至北，沿途共有 18 站，於台中高鐵站、烏日、大慶、松竹等站皆可轉乘台鐵捷運紅線，藉台鐵捷運延伸到彰化至豐原等地；捷運投入服務，肯定為台中市的各方面帶來長足變化。

　　台中擁有世遺資格的建築遺產，建於清朝的摘星山莊、霧峰林家，日治時期的台中文學館、台中市役所及舊市府大樓、台中驛，民國時期的眷村文物館、審計新村，乃至成為現代世界知名建築師競技場，國際級的台中國家歌劇院、亞洲現代美術館、天空樹、綠美圖、國立台中圖書館，都在在顯示這座大城的歷史包容性。

　　台中更是座動、靜皆宜的城市，宮原眼科、第四信用合作社、櫟社的成立帶動一股文青風潮，東豐綠廊道及后豐鐵馬道則是鍛鍊體力及洗滌心靈的好去處；夜市文化及宮廟文化的加持，底蘊之深厚讓人不由驚嘆。

　　台中貴為台灣第二大城，自日治時代起就有小京都之稱，日本人在豐原設置了麵粉工廠，再加上得天獨厚的糖業及農業加持，使得台中的糕餅業傲視全台，崑派、犁記、雪花齋、宝泉、顏新發都是在這個時期崛起，延伸出來的太陽餅、酥皮月餅、小月餅、綠豆椪、鹹蛋糕、鳳梨酥、檸檬餅，遠近馳名讓台灣成了名符其實的糕餅王國。

自日治以來至民國時期，台中即很容易接受新潮文化，80 年代發跡的泡沫紅茶及珍珠奶茶，現已席捲全球成為台灣新浪潮，之後像是繼光香香雞、豐仁冰、蜜豆冰、三種冰、薔薇派、波士頓派等創始店都是源自台中，台中特有的大麵羹、蔴芛、清水米糕、排骨湯，在在顯示其飲食文化大城的地位。

　　台中之旅少不了住宿環節，台中住宿體驗更是精彩！台中是主題汽車旅館的發源地，至今仍有來自世界各地的專家組團來台體驗觀摩，各種類型風格的旅宿，讓台中成了世界級的旅宿展演場，舊屋改建的工業風格就是源自於台中，新興的還有洞穴旅館、潛水旅館、無人旅館…

　　台中像極了可提可挑的「精美食盒」，每打開一層都讓人讚嘆，每層都別有洞天，打開一層，迫不及待想打開另一層，裡外兼具、華美無比。

　　這本書我以國際級的觀點呈現給世界級的旅人。

克里斯李

# 台中遊玩全攻略

# 漫遊綠線

# 樂遊紅線

# 台中在地食文化

# 台中米其林最新餐飲指南

本書所列旅遊相關資訊，以 2024 年 7 月為基準。資訊因時因地會調動，出發前請利用書中的網址再次確認。

# 台中遊玩全攻略

台中隨著捷運綠線開通，市民生活版圖及旅遊動態將有別以往的改變！從台中高鐵站到大坑的高架化路線，台中整個天際線變得更動態；台鐵也將彰化至豐原段高架化，並增加區間班次，以輕捷運的方式投入營運，和綠線搭配讓路網更完善。

想要台中玩透透，搞懂捷運綠線及紅線的路網圖，捷運站搭配各站 iBike、公車、新興的共享機車及汽車，就能輕鬆自在的遊玩，相當方便。

# 大台中玩更多

① 東區：台鐵精武站

新天地西洋博物館．帝國糖廠湖濱生態園區．樂成宮．台糖生態湖．旱溪夜市．鐵枝路咖啡交易所 FXCE．東光綠園道

② 西區：台鐵五權車站

審計新村．綠光計畫范特喜文創聚落．勤美術館．草悟道．誠品綠園道．阿薩斯雕像．第五市場．忠信市場．台中州廳．動漫彩繪巷．台中文學館．國立台灣美術館．孫立人將軍紀念館．世界珍珠奶茶發

源地春水堂．第六市場．台中市役所．林之助紀念館

③ 南區：台鐵五權車站

老樹根木工坊．中興大學．忠孝路觀光夜市．台中文化創意產業園區．第三市場．國立公共資訊圖書館

④ 北區：捷運中清文心站

一中街．台中放送局．中山堂．孔廟．天津路成衣批發．北平路美食街．台中自然科學博物館．科學博物館植物園．台中公園．台中市市長公館

■ 捷運有行駛及本書觸及的區域

⑤ 中區：台鐵台中車站

柳川水岸景觀步道．新盛綠川水岸廊道．台中太陽餅博物館．坪林森林公園．宮原眼科．第四信用合作社．櫟社．中華路夜市．台中第二市場．台中驛鐵道文化園區

⑥ 西屯區：捷運台中市政府站

東海大學路思義教堂．東海牧場．鯊魚墳場．鞋寶觀光工廠．台中酒廠文物館．秋紅谷景觀生態公園．台中國家歌劇院．台中都會公園．Molecure 分子藥局．惠來公園．張家祖廟．益健乳羊牧場．蔦屋書店．KOI PLUS．逢甲夜市

⑦ 南屯區：捷運南屯站

彩虹眷村．筏子溪台中新地標水岸廊道．台中花市．望高寮夜景公園．文心森林公園．豐樂雕塑公園．東海古堡．楓樹社區．萬和宮．南屯老街．13 咖啡

⑧ 北屯區：捷運北屯總站

心之芳庭．紙箱王創意園區．大坑風景區．一德洋樓．台中眷村文物館．新都生態園．台灣民俗文物館．北屯舊社公園．北屯廍子公園．水湳市場．日光溫泉．麒麟峰溫泉．台中洲際棒球場．單元十二 - 萬坪公園

⑨ 大雅區

小麥田．赤腳丫生態農莊．中科公園．伊莎貝爾數位烘焙體驗館

⑩ 神岡區

潭雅神綠園道．台灣氣球博物館．圳前仁愛公園．社口林宅．筱雲山莊．犂記餅店 - 社口創始店．崑派餅行

⑪ 豐原：台鐵捷運豐原車站

廟東夜市．豐原漆藝館．豐原葫蘆墩公園．慈濟公園．后豐鐵馬道．鐵道之鄉酒莊．丘逢甲紀念公園．台中豐原鐵馬道．台灣味噌釀造文化館．雪花齋．宝泉．薔薇派

⑫ 潭子區：台鐵捷運潭子站

六角亭崇德花市．寶熊漁樂碼頭．摘星山莊．潭子國小彩繪牆．新田登山步道

# 大台中玩更多

⑬ 石岡區

石岡水壩石岡穀倉‧0 蛋月台‧東豐自行車綠廊‧石岡車站斷層月台‧兔樂園‧五福臨門神木‧大坑情人橋‧九房 3D 彩繪村‧情人木橋‧九甲林露營區‧土牛客家文化館

⑭ 新社區

新社櫻花新秘境‧新社莊園古堡‧沐心泉休閒農場‧又見一炊煙‧新社水井落羽松‧大南坡櫻花‧薰衣草森林‧新社花海‧新峰農場

⑮ 東勢區

東勢林場‧東豐自行車綠廊‧東勢林業文化園區‧東勢河濱公園‧花露休閒農場‧中嵙里螢火蟲復育地

⑯ 大里區

Dali Art 藝術廣場‧菩薩寺‧中興大學康堤‧國光花市‧台中市纖維工藝博物館‧大里伯朗大道‧台灣印刷探索館‧東湖公園

⑰ 太平區

九二一震災紀念公園‧台中市屯區藝文中心‧磨仔墩故事島‧赤崁頂‧坪林森林公園‧太平夜市‧咬人狗坑生態景觀步道‧頭汴坑蝙蝠洞‧太平買菸場

⑱ 烏日區：捷運高鐵台中站

大肚海棗田‧成功車站‧知高圳步道‧聚奎居‧烏日啤酒觀光工廠‧烏日戰車公園‧烏日高鐵站

⑲ 霧峰區

亞洲大學現代美術館‧霧峰林家宮保第園區‧光復新村‧大里溪橋下小人國‧霧峰林家萊園‧921 地震教育園區

⑳ 龍井：捷運台中市政府站

東海藝術街商圈‧東海別墅商圈‧麗水漁港‧磐頂教會‧彩虹廊道‧竹坑南寮步道‧龍井大排自行車道‧龍泉岩清水祖師廟

㉑ 大肚區

大肚藍色公路‧追分車站‧望高寮‧磺溪書院‧大肚海棗田‧台中大肚山‧萬里長城健康步道觀景台

㉒ 清水區

台中海洋生態館‧台中國際機場‧高美濕地‧鰲峰山觀景平台‧清水眷村文化園區‧清水國小‧牛罵頭遺址‧紫雲巖‧海

灣繪本館‧台中市港區藝術中心‧清水鬼洞‧高美風車大道

### ㉓ 梧棲區

梧棲漁港‧頂魚寮公園‧三井 OUTLET‧大庄浩天宮天上聖母‧梧棲朝元宮

### ㉔ 沙鹿區

好好聚落文創園區‧九天黑森林‧慈暉亭鹿寮大草原‧沙鹿南勢溪湧泉‧親子部落 - 月老祠

### ㉕ 大安區

大安海水浴場‧龜殼生態公園‧台中市濱海自行車道 - 大安段‧紅樹林生態區

### ㉖ 大甲區

鎮瀾宮‧鐵砧山風景區‧蔣公路夜市‧先麥芋頭酥本店‧小林煎餅本店‧裕珍馨本店‧三寶文化館‧大甲文昌祠‧阿聰師芋頭文化館‧永信醫藥文物館‧林氏貞孝坊

### ㉗ 外埔區

忘憂谷‧布英熊文化創藝美食會館‧永豐六分桐花步道‧薑荷花農場‧酒堡庄‧閃電稻田‧外埔金城武樹

### ㉘ 后里區

麗寶樂園 OUTLET MALL‧發現星村景觀休閒園區‧中社花市‧約客厚禮築夢手創館‧木匠兄妹木工房‧舊社里彩繪村‧龍貓隧道‧泰安派出所‧如光山寺‧月眉觀光糖廠‧后里樟公樹‧后里馬場‧泰安鐵道文化園區‧張連昌薩克斯風博物館‧毘盧禪寺‧花田拼布公園

### ㉙ 和平區

谷關溫泉‧武陵農場‧福壽山農場‧大雪山國家森林遊樂區‧八仙山國家森林遊樂區‧鳶嘴稍來山‧梨山風景區‧德基水庫‧若茵農場

## 捷運綠線 貫穿台中市區的第一條捷運

- 全長 16.71 公里、票價 20 元起
- 全線 18 站、全程約 32 分鐘
- 營運時間 06:00 ～ 24:00
- 平日尖峰時間 5 分鐘一班、離峰時間 8 分鐘一班
- 假日全天 8 分鐘一班
- 深夜時段 15 分鐘一班
- 沿線超過 90 條公車路線銜接

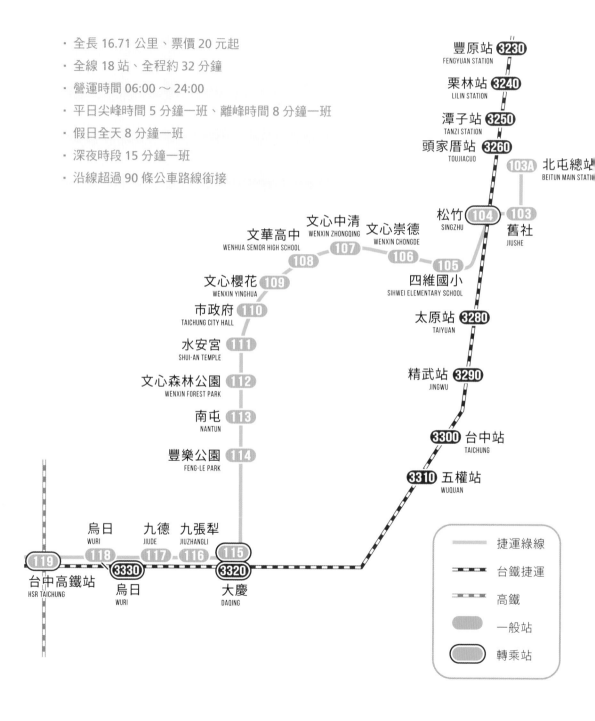

　　台中捷運預計開發捷運綠線、台鐵捷運、捷運藍線及機場捷運等四條,目前捷運綠線及台鐵捷運已全線通車。

　　捷運綠線起點在高鐵台中站,終點為北屯總站,全線共 18 站,規劃藍圖始於 1990 年代,至今已逾 30 年,可說是台中市民最引頸企盼的重要交通建設。開通後搭配各站的公共巴士及 iBike、iRent 等設施就可以走遍台中市,非常便捷。

## 全罩式隔音牆

　　台中捷運綠線全部為露天行駛，主要行駛在市區精華路段，設計之初就考量到噪音問題，除了全程採用隔音牆設計，另外還裝設「長焊鋼軌」，可大幅減少車廂啟動運行時所造成的噪音。「可動式岔心」，讓軌距線連續而不容易產生噪音振動；轉彎處為「浮動式道床」，有避震效果；「減噪鋼輪」，行經轉彎路段時會自動噴出潤滑油，減少摩擦所發出的噪音。

1　2
　　3
1. 捷運文心森林公園站
2. 捷運豐樂公園站 3. 捷運四維國小站

## ∷ 環保綠能訴求

台中捷運綠線宛如一條綠色長龍蟠踞在台中市區，因為高架的關係，坐在車廂內很像行走在都市叢林之上。因為講究綠能環保，18 站皆通過「日常節能指標」及「水資源指標」標準。站體沒有過多的裝飾，以輕巧、簡明、通透為原則，站體光源主要都來自自然光源，牆面採用植生牆設計，除了讓視覺效果更清爽，也兼具調節空氣及室內降溫等功能。植生牆的灌溉用水則來自雨水回收，為顏值及內在皆俱的綠美建築。

## 車站本身就是公共藝術

　　車站本身即公共藝術是目前的世界潮流，台中捷運站體講究同中求異，看似一樣的站體，其實每座都融合該站的地景及特色，像是市政府站搭配市政府後現代的風格，站體為前衛的流線型設計；高鐵台中站出入口，即是一節捷運車廂的造型；豐樂公園站有植生牆及葉片造景；北屯總站則是以一株小樹苗的二片葉子為概念，象徵日後城市的茁壯；市府站至舊社站則以文字「薈」、「翔」、「笙」、「川」、「疊」、「光」、「織」、「鷺」為發想，發展為城市綠洲的架構為設計藍圖。

1 2　1. 文心崇德站配合洲際棒球場打造成職棒主題館 2. 文心森林公園打造成森林系，並可彈鋼琴
3 4　的主題廁所 3. 松竹站變身為藝術博物館 4. 高鐵台中站變身為公主風格 5. 馬卡龍配色座椅
5

## 貼心的首創設施

　　台中捷運綠線全線為無人駕駛，為中運量功能，每節車廂車長 22.17 公尺、寬 2.98 公尺、高 3.78 公尺，為國內同等級最寬敞的設計。

　　車廂內一般座椅採用粉綠色，博愛座為粉紅色，繽紛的馬卡龍色系，顯示城市的年輕活力；女廁的間數數量為男廁的五倍，和台中中友百貨合作，將高鐵台中站變身為公主風格；文心森林公園打造成森林系，並可彈鋼琴的主題廁所；松竹站變身為藝術博物館，設有親子廁所及梳妝台，打造溫馨、舒適的公共空間；文心崇德站配合洲際棒球場，則打造成職棒主題館。

# 台鐵捷運紅線 台鐵捷運化的示範路段

台中市區的台鐵捷運紅線，指的是大慶至豐原這十站的鐵路高架化，包括大慶、五權、台中、精武、太原、松竹、頭家厝、潭子、栗林、豐原等十站，全程共 21.7 公里。於高鐵台中、大慶、松竹站和台中捷運交會，並可轉乘，延伸至彰化，一同併入台中捷運的交通藍圖。

## 環保站體及軌道設計

台鐵捷運站體外觀，多以通透的輕鋼架流線設計為主軸。金屬擾流板可吸音，PC 板則採光功能，穿堂層為清水模設計，以自然採光及自然空氣流動為設計目標，可大幅減少燈光及冷氣等電源浪費，達到節能效果。

軌道採用長銲鋼軌及無道碴道岔設計，雙重彈性材加長銲鋼軌可降低維修成本，並提升乘坐舒適度及減少噪音。除鋼軌外，所有構材皆為台灣製造，備料容易，品質有保證。

1. 台鐵捷運烏日站 2. 捷運綠線及台鐵捷運松竹站交會處 3. 台鐵捷運潭子站

## 空間再利用

舊台中車站已規劃為鐵道文化園區，除靜態的藝文展覽，亦有動態的表演活動，目前有多家餐飲集團進駐，活絡舊城區的脈絡。高架化的底部空間，則可規劃為自行車道、停車場、公園綠地、商用空間及運動空間等，實現多元城市及慢活。

台鐵台中站台中路及建國路鐵道底下空間，已規劃為「綠空鐵道 1908」，保留舊鐵軌，並按地形、地貌及文化等元素融入公園綠地，一舉榮獲九項國際大獎。

## 票價及票卡

台鐵捷運接受悠遊卡、一卡通、i Cash2.0 及 Line Pay、Visa 感應式信用卡等多種票卡。

iPASS 一卡通

---

### 捷運結合 iBike、iRent、公車，更輕鬆！

#### 如何租借 iBike 微笑單車

① 首先需加入 YouBike 會員，可透過各租賃站的 KIOSK 自動服務機，或上官網註冊會員，綁定悠遊卡或是信用卡，成為 YouBike 會員即可享受租借的便利，同時記得登錄政府提供的免費公共自行車傷害險。

② 利用手機 APP 尋找離你最近的單車站點。

YouBike 微笑　　台中 iBike
單車 APP　　　　官網

③ 選擇單車面板上的付款方式，悠遊卡或是手機 APP 掃碼支付（微笑單車 2.0 版），完成後即租借完成。

1　2

1.iBike 操作介面
2.iBike 在台中市已完成建置共 1,333 個站點。

# 如何租借 iRent 汽車／機車

**1** 加入和運 iRent 租車會員,需備妥身份證、駕照、信用卡、悠遊卡及一卡通等資料,資料上傳後,審核需一天時間(外籍人士不適用 iRent 租車,只能於租車門市進行預約)。

iRent
和運租車官網

**2** 於 iRent 選擇租車地點,同站租還、甲租乙還及路邊租還。

**3** 到取車地點採用 APP 或是悠遊卡、一卡通開車門鎖。

**4** 車鑰匙在前座右手邊的 i-Button 鑰匙盒裡,駕駛座上方有加油卡(用卡加油簽名即可不用付費,建議將油箱加滿)、停車卡,車外觀可拍照上傳。

**5** 還車時會根據車子日租金、哩程數及 e-Tag 過路費計算,計算完畢,線上付款後將車子外觀拍照上傳即可。

1　2　1.iRent 小時租車站
　　　2.iRent 機車隨取隨停

## 如何搭公車

台中市公車目前由台中及仁友等 15 家客運公司聯營，共有 251 條路線，幾乎涵蓋所有知名景點，年運量 1 億 3,336 萬人次，可使用悠遊卡、一卡通及 I CASH 等儲值卡。

台中市公車在高鐵及台中車站等主要轉乘站，都設有漫遊公車，前往較偏遠的景點，像是高美濕地、后豐鐵馬道、大甲、新社花海等地，詳情可上台中市公車 APP 查詢。

台中市公車 APP 擁有強大功能，例如：路線規劃、旅行時間、票價查詢、公車到站資訊，公車亭為 LCD 智慧型電子動態，公車到站等資訊都能即刻掌握，相當便捷。

| 1 | 2 |
|---|---|
| 3 | 4 |

1. 台中市公車 2. 台中高鐵站公車站 3.4. 台灣大道公車站

台中市公車
APP

台中市公車
即時動態資訊

# 到台中一定要體驗的

## 01 知名地標打卡跳台中恰恰

路思義教堂、天空樹、中央公園、亞洲大學美術館都是國際知名建築師
作品，在這些國際級的地標跳台中恰恰上傳 YOUTUBE，流量肯定管不住。

**02**

## 欣賞優質表演

　　國家歌劇院、中山堂、中興堂、屯區藝文中心都可以欣
賞到世界級的表演，節目表天天上演，任何時刻都能找到
心儀已久的表演，戶外圓滿劇場還常有免費的演出，來台
中學做歐洲人的優雅。

## 感受科技城市

**03**

　　台中公車 APP 可自動規劃路線，智慧型公車可以預知到站，工
業區還試行預約公車服務，體現國際大城市的氣魄。

# 04 博物館裝文青

國家美術館、科學博物館、亞洲大學美術館、大墩文化中心，這些國家級的美術館都在台中，天天展出國際級大師作品，台中好幸福。

## 05

## 享受城市慢旅

騎單車在城市餵牛、進廟祈求平安、散步在綠地公園，台中沒有台北的快移動感，有的是獨具的漫慢時旅。

# 06

## 古蹟穿越旅行

　　台中日治時期、民國時期古蹟建築保存完好，台中市政府和文創公司合作，古蹟除了具有歷史意義，透過文創、咖啡館及紀念品店進駐，成了年輕人的最愛。

## 逛 OUTLET

# 07

　　台中日系風格的三井 OUTLET（梧棲）及彷彿置身義大利的麗寶 OUTLET（后里），每座都大到可以逛上一整天。在這裡總能讓人用最優惠的價格，買到自己心儀的品牌及用品。

**08** ## 大坑泡溫泉

　　台中搭捷運就可以泡溫泉，大坑溫泉是 CP 質最高的碳酸氫鈉泉，PH 在 7 至 8 之間，屬於美肌系的美人湯，泡完皮膚滑潤效果顯著。

 **09**

## 搭船出海尋找白海豚、餵海鷗

　　白海豚是瀕臨絕種的動物，台中梧棲漁港就有觀光船，帶領我們到海上尋找白海豚，台中特有的體驗，一起來找尋感動。

**10**

### 逛傳統市場

　　從第一市場（東協廣場）走起，台中有五座傳統市場，外加一座歐式建築風格的新建國市場，還有一座位於百貨公司內，號稱全國最美的第六市場，在台中逛傳統市場，絕對接地氣。

**11**

## 夜市逛通宵

　　台中人氣最高的夜市首推逢甲夜市，激旨燒き鳥不能錯過；中華路夜市的冷凍芋及木瓜牛奶加吐司；一中夜市的雞排、臭豆腐；忠孝路夜市的牛排，還有東大夜市的雞腳凍及蓮心冰，來台中沒有瘦著回去的道理。

# 12

## 買伴手禮

　　台中是糕餅之都，除了糕餅，還有長崎蛋糕、鹹蛋糕、肉乾、蜜麻花、蛋捲，種類非常多，最佳方法是買齊後到超商直接宅配回家。

# 13

## 創始老店朝聖之旅

　　小月餅（陳允宝泉）、檸檬餅（一福堂）、太陽餅、奶油酥餅（裕珍馨）、芋頭酥（阿聰師）、松子酥（俊美）、鹹蛋糕（林異香齋）、綠豆椪（雪花齋）、鳳梨酥（顏新發）、派餅（薔薇派）、波士頓派（金鈴）皆是創始於台中，到老店朝聖絕對是不敗潮流。

# 14

## 吃遍道地小吃

　　蔴芛、大麵羹、米糕、排骨酥麵都是台中特有，豐仁冰、三種冰、蜜豆冰、香香雞、珍珠奶茶、太空紅茶都是創始於台中，來台中怎能錯過這些在地小吃。

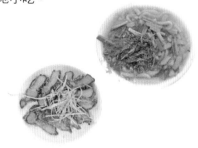

# 15

## 大型餐廳擺闊氣

　　屋馬燒肉、鼎王、無老鍋、赤鬼、輕井澤、茶六、易鼎活蝦、湯棧、老常在、新天地、阿秋大肥鵝、台南攤仔麵等大型餐廳，全台僅見的闊氣裝潢全部都在台中。

# 16

## 親子餐廳天倫樂

　　台中親子餐廳是溜小孩的最佳去處，大人小孩都喜歡，梨子、小島 3.5 度 Island Aurora、童遊森林、熊萌肚肚主題親子餐廳等，都是人氣首選。

## 風格咖啡館打卡

世界第一台神還原全球咖啡冠軍的智能手沖咖啡機在台中，世界虹吸咖啡大賽冠軍、世界拉花冠軍、台灣烘豆冠軍全都開店在台中，來台中怎能錯過這些風格咖啡館。

## 悠閒享用下午茶

世界甜點冠軍 L.Z. DESSART 無框架、耕者有其甜的仿真鬥牛犬蛋糕、台灣派點界始祖薔薇派、老宅氛圍甜點、法國米其林廚師、預約制甜點店、日系風甜點店及老牌的古典玫瑰園，都是來台中必打卡的名店。

# 19

## 就愛享用早午餐

來台中一定不能太早起啊，種類繁多的早午餐最適合你了，樂丘廚房、濰克、樹兒、Solar Table 於光、田樂小公園店、尼克咖啡都是不錯的選擇。

# 20

## 泡沫紅茶店聊天

台中是泡沫紅茶店的誕生地，早期台中喝茶文化是用魚缸大口喝紅茶，展現台中人的大器及豪邁。現在雖然沒有了鋼管辣妹助興，翁記、雙江、歐吉、茗人、水牛、新綠洲等老字號紅茶店都還生意興隆。

## 買一杯在地手搖飲

老賴茶棧、阿義紅茶、可不可熟成紅茶、萬波、喫茶小舖、春水堂、茶湯會、一芳水果茶都是源自於台中；清水森及茶、華得來及春芳號等新星正崛起，世界的茶飲版圖少不了台中。

# 21

# 22

## 米其林餐廳摘星之旅

最新版米其林星級餐廳，台中共有六家入選，1星：文公館、鹽之華、Forchetta、俺達的肉屋、澀 Sur- ；3星：JL Studio，21家米其林入選餐廳，還有多達 31 家必比登餐廳，一起到台中追星星。

# 23

## 體驗風格住宿

台中汽車旅館受到國際人士推崇，來台必體驗，老房子改建及設計師風格旅宿、無人旅館及亞洲第一座潛水旅館，在在讓人著迷不已。

### Best Hotel
## 台中最潮旅宿

<table>
<tr><td>1</td><td>2</td><td rowspan="2">5</td><td rowspan="2">1. 一樓大廳櫃檯以抽屜的形式呈現 2. 天花板為工業風格 3. 客房有多種房型</td></tr>
<tr><td>3</td><td>4</td></tr>
</table>

1. 一樓大廳櫃檯以抽屜的形式呈現 2. 天花板為工業風格 3. 客房有多種房型
4. 莿桐花文創微旅位於第四信用合作社小巷子內 5. 中庭的天井

# 莿桐花文創微旅　老屋改建的網美旅店

　　台中可以說是開創舊屋改建為富有文創及商業價值建築的先河，莿桐花文創微旅位於台中車站前小巷內，鄰近宮原眼科、第四信用合作社，都是舊屋改造成功的最佳案例。

　　原址建於 1956 年，改建為帶有輕工業風格的旅宿，最大的賣點是一樓進門後的天井，光線從頂樓灑落下來，讓整個一樓大廳彷彿像在看一場大自然的光影表演。推開玻璃窗走進天井下，灰色的牆面、大大的時鐘，是所有旅客最喜歡拍照的景點，客房走廊則崁入四十多種不同的緞鐵花窗，隨光影帶來不同的變化。客房的電話也是古老的撥盤電話，總讓人感受到老城區那種悠閒的慢時光。

---

### 📍 INFO

☆ 台中市中區台灣大道一段 141 巷 11 號

📞 04-2223 0338

🚌 台中車站前步行約 8 分鐘、iBike 約 4 分鐘

地圖

官網

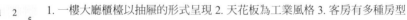

# 萬楓酒店 Fairfield by Marriott Taichung 米其林一間黑房子

　　萬楓酒店在 2019 年 COVID-19 衝擊下，依然保有 80% 以上的訂房率，在業界堪稱另類奇蹟。米其林首度將台中飯店列入評比，就獲得一間黑房子的殊榮，實至名歸。台中萬楓是全球第一家擁有全天候餐廳的飯店，地理條件優越，離逢甲夜市、中科及洲際棒球場都近在咫尺。

| 1 | 2 |
|---|---|
| | 3 |
| 4 | 5 | 6 |

1. 萬楓酒店外觀 2. 餐廳 3. 早餐很豐富 4. 健身房 5. 地板捨地毯採用地磚
6. 房間內備有桌子，可在此享用夜市買回來的美食

---

## 📍 INFO

☆ 台中市西屯區環中路二段 1155 號

📞 04-3606 5188

🚌 從台中捷運文心櫻花站西屯路搭乘 45 號公車往中科管理局
　　方向，於西屯警察局下車；騎 iBike 約 10 分鐘

地圖

官網

# 芭蕾城市渡假旅店 Villa Ballet 讓住宿成為旅遊的目的地

芭蕾城市渡假旅店結合 22 間商務房型及 33 間一房一庫 Villa 房型,「一房一庭園」讓住房本身就有度假的感受。旅店每間房都是不同主題風格,也可感受不同國家的設計風情。另外也有主題獨角獸設計,陽光灑下露台,結合空氣、陽光、植物,以及客製化的燈具傢飾、落地窗,一入住就能感受到愜意放鬆的城市渡假氛圍。

1
2
3
4
5
1. 芭蕾城市渡假旅店外觀 2. 房間內有游泳池 3. 芭蕾城市渡假旅店以親子房為訴求 4. 最受歡迎的獨角獸主題房 5. 客房內有專屬 KTV 房

---

📍 INFO

☆ 台中市南屯區向上路三段 221 號

📞 04- 2383 2888

🚌 從台中捷運南屯站五權西路搭乘 56 號公車往新烏日車站方向,於中村加油站下車步行約 3 分鐘;騎 iBike 約 9 分鐘

地圖　　官網

# 鵲絲旅店 Chase Walker Hotel　全台第一家全機器人旅宿

　　鵲絲旅店是全台第一家全機器人服務旅店，且位於逢甲鬧區，旅客可輕鬆前往各大購物、餐飲地點。因為是無人經營，人事費用反應在住宿價格上，整體清潔明亮，得到很高的評價。

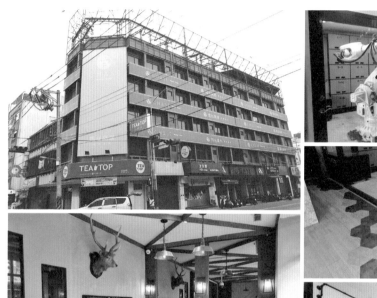

| 1 | 3 |
|---|---|
| 2 | 4 |
|   | 5 |

1. 鵲絲旅店外觀 2. 一樓交誼廳 3. 鵲絲旅店機器人手臂及 Check In 櫃檯
4. 會講話的送餐機器人 5. 鵲絲旅店客房

---

## 📍 INFO

☆ 台中市西屯區福星路 230 號

📞 04-2452 5387

🚌 從台中捷運文心櫻花站文心路搭乘 33 號公車往文修停車場方向，於福星／西安街口下車步行約 1 分鐘；騎 iBike 約 9 分鐘

地圖　　　官網

# 植光花園酒店 SOF Hotel 工業廢墟感十足

環保再利用已成了當前重要議題，老舊房子再生，賦予其新生命，為地球資源重組做了最好的示範。植光花園酒店原是間相當老舊的廢墟大樓，經過台灣設計師，以及來自紐西蘭的設計公司 Fearon Hay 團隊改造，採用自然光線引進中庭，天井布滿植物，整體感覺就是一座工業廢墟的空殼，經過佈置，加入設計師設計的桌椅，掛上畫作，整個空間有了神奇的變化。

| 1 | 2 |
| 3 | 4 | 5 |

1. 植光花園酒店外觀 2. 一樓交誼廳 3. 中庭由工業廢墟改建
4. 一樓造景 5. 植光花園酒店客房

## 📍 INFO

☆ 台中市中區光復路 52 號

📞 04-2223 0880

🚌 從台中車站台灣大道搭乘統聯 81 號公車往中港轉運站方向，於星動銀河旅站下車步行約 2 分鐘；或直接步行約 11 分鐘、騎 iBike 約 5 分鐘

地圖

官網

# 台中潛立方潛水旅館 DIVECUBE HOTEL 旅館就是一座大海洋

神奇的是潛立方旅館竟然將整座海洋搬到台中都會區，不僅有一座全亞洲最深的深潛池，客房也是以船艙為概念，就好像進行一場深海船潛之旅。這座專業的深潛池，全世界只有三座，這裡是亞洲唯一的一座，台中人實在太幸福！

潛立方的深度可以達到 21 公尺，有五階不同深度可供潛客訓練。在大海潛水當然有魚、珊瑚等自然景物，所以潛立方和電影《少年 PI》幕後團隊合作，打造一座全球僅有的室內沈船探險、珊瑚礁洞穴；不會潛水的人可以透過現場透明觀景窗觀看，還能打招呼。

```
1
2
3   4
```
1. 潛立方潛水旅館外觀 2. 深水池潛水
3. 旅館櫃檯 4. 旅館附設餐廳

---

📍 INFO

☆ 台中市西屯區安和西路 69 號

📞 04-2355 2208

🚌 從台中捷運市政府站 2 號出口往台灣大道搭乘 300 ～ 308
　 號優化公車往海線方向，於福安里站下車步行約 8 分鐘；
　 騎 iBike 約 17 分鐘

地圖

官網

# 新藍天旅棧 Bluesky Hotel　日本遊客來台首選

　　新藍天旅棧成立於 1969 年歌廳秀盛行的年代，住宿彷彿搭乘時光機回到舊時代。歌廳秀沒落後，新藍天旅棧跟著消極，50 年後經過宮原眼科團隊的改造，一躍成為台中及外國旅客最想住宿的旅店，找回舊時榮光！飯店一進門就是一面由近二百個行李箱組成的牆面，而這些行李箱都是不折不扣的古物，是台中市的打卡熱點。

　　飯店座落在台中舊城區，鄰近第二市場、台中文學館、台中公園、台中市役所，白天尋找舊時光，晚上下榻於此，每口呼吸都是懷舊。

1. 新藍天旅棧外觀 2. 二樓吧台空間 3. 飯店櫃檯是舊熱水鍋爐改造 4. 餐廳 5. 客房 6. 一樓近二百個古董級行李箱牆面

## INFO

☆ 台中市中區市府路 38 號

📞 04-2223 0577

🚌 從台中車站台灣大道搭乘 300 ～ 308 號優化公車往海線方向，於彰化銀行站下車步行約 3 分鐘；或直接步行約 10 分鐘、騎 iBike 約 6 分鐘

地圖

FB

# 漫遊綠線

台中捷運綠線由高鐵台中站到大坑，沿著文心路貫穿台中市都會區由南到北，沿途經過多座森林公園，總站前往台中後花園大坑也相當便捷，都會自然風格濃厚。

捷運綠線是條美食路線，捷運水安站可以抵達公益路美食街、櫻花文心站騎 iBike 只要 8 分鐘就能到逢甲夜市。最新公布的米其林星級、餐盤、必比登餐廳都集中在捷運南屯站、文心森林公園站、水安站及市政府站，讓摘星之旅變得更便捷。

從高鐵站出發就可輕鬆抵達大坑泡溫泉，發掘各個捷運站旁的景點，羅列沿途的知名餐廳，怎麼玩都玩不完！

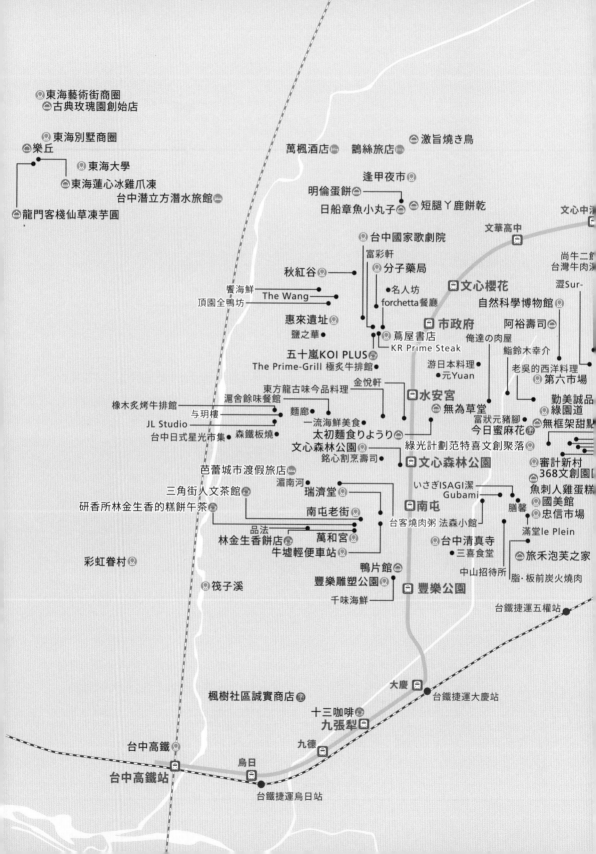

東海藝術街商圈
古典玫瑰園創始店

東海別墅商圈
樂丘
東海大學
東海蓮心冰雞爪凍
台中潛立方潛水旅館
龍門客棧仙草凍芋圓

萬楓酒店　鵲絲旅店　激旨燒き鳥

逢甲夜市
明倫蛋餅　　　短腿ㄚ鹿餅乾
日船章魚小丸子

文心中清
文華高中

台中國家歌劇院
富彩軒
秋紅谷　　　分子藥局
文心櫻花
尚牛二館
台灣牛肉溪
饗海鮮　The Wang　名人坊　　自然科學博物館　澀Sur-
頂園全鴨坊　　　forchetta餐廳
惠來遺址　　　　　　　市政府　阿裕壽司
鹽之華　　　蔦屋書店　　　　俺達的肉屋　鮨鈴木幸介
KR Prime Steak　　　　　　老吳的西洋料理
五十嵐KOI PLUS　　　　　　　游日本料理　　第六市場
The Prime-Grill 極炙牛排館　金悅軒　　元Yuan
東方龍古味今品料理　　　水安宮　　勤美誠品
橡木炙烤牛排館　滬舍餘味餐館　　　　無為草堂　綠園道
与玥樓　麵廊　　　　　富狀元豬腳　無框架甜點
JL Studio　一流海鮮美食　　　　　今日蜜麻花
台中日式星光市集　森鐵板燒　太初麵食りよりう　　審計新村
　　　　文心森林公園　　綠光計劃范特喜文創聚落　368文創園區
　　　　　銘心割烹壽司　　文心森林公園　魚刺人雞蛋糕
芭蕾城市渡假旅店　　　　　　　　　　　國美館
三角街人文茶館　湄南河　いさぎISAGI潔　　膳馨　忠信市場
研香所林金生香的糕餅午茶　瑞濟堂　Gubami　南屯　滿堂le Plein
品法　南屯老街　台客燒肉粥 法森小館
林金生香餅店　萬和宮　　　　台中清真寺　旅禾泡芙之家
牛墟輕便車站　　　　三喜食堂　脂‧板前炭火燒肉
鴨片館　　　中山招待所
彩虹眷村　　　　　豐樂雕塑公園　豐樂公園
筏子溪　　千味海鮮
　　　　　　　　　　　　　　　　　台鐵捷運五權站

楓樹社區誠實商店
十三咖啡　　大慶
九張犁　　台鐵捷運大慶站
台中高鐵　　　九德
烏日
台中高鐵站　　台鐵捷運烏日站

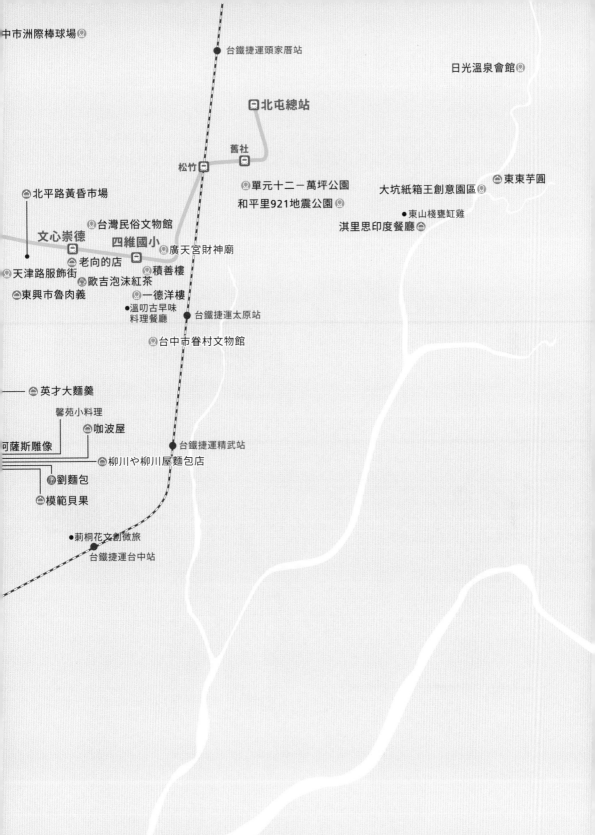

中市洲際棒球場

台鐵捷運頭家厝站

日光溫泉會館

北屯總站

舊社

松竹

單元十二－萬坪公園
和平里921地震公園

大坑紙箱王創意園區

東東芋圓

北平路黃昏市場

台灣民俗文物館

文心崇德

四維國小

廣天宮財神廟

東山棧甕缸雞

淇里思印度餐廳

老向的店

積善樓

天津路服飾街

歐吉泡沫紅茶

東興市魯肉義

一德洋樓

溫叨古早味
料理餐廳

台鐵捷運太原站

台中市眷村文物館

英才大麵羹

馨苑小料理

咖波屋

可薩斯雕像

台鐵捷運精武站

柳川や柳川屋麵包店

劉麵包

模範貝果

莿桐花文創微旅

台鐵捷運台中站

## (119) 台中高鐵站
### HSR Taichung Station

　　台中高鐵站是台灣高鐵造價最高昂的站體，和台中捷運綠線及台鐵捷運紅線新烏日站為三鐵共構站體，包括高鐵快捷公車、轉運站、台中市公車、國道客道、汽機車租賃公車及計程車都在此匯集，是進入整個大台中的重要門戶。

出口1
高鐵

出口3
台鐵新烏日站

出口2
高鐵一路

捷運綠線高鐵台中站極具未來感

---

 　　**彩虹眷村輕旅行**

● 台中高鐵站（台灣鐵道故事館）
　　🚶 3 min
● iBike 捷運高鐵台中站
　（站前出口 3 新烏日車站）
　　🚶 5 min
● 翔順機車出租
　　🛵 12 min
● 筏子溪台中新地標
　　🛵 12 min
● 彩虹眷村
　　🚶 1 min
● 貓門餐廳

路線圖

貓門餐廳 ★
彩虹眷村 ★
筏子溪台中新地標
快官霧峰線
國道一號
忠勇路
★ 翔順機車出租
台中高鐵站 🚇　iBike捷運高鐵台中站

翔順機車出租
☆ 台中市烏日區站區二路 191 號
🕐 每天 8:00 ～ 21:00

# 🎁 台中高鐵　三鐵共構最大樞紐

台中高鐵站內非常好玩，可以當成一個景點，除了可以欣賞站體宏偉的建築，車站周邊有展覽館及飯店，租借機車、汽車也相當方便。站內有多家餐廳、咖啡館、飲料 BAR，及中部各種名產伴手禮，捷運開通後可以專程在這裡用餐、會友。

## 台灣鐵道故事館

台灣鐵道故事館位於台中高鐵台鐵站內，是全台最大的台鐵授權鐵道紀念品商店。創辦人自己也是鐵道迷，首創全國第一張木質明信片，全部文創商品皆為台灣製造，以文化創意為定位，融合地方特色之設計商品為主。在這裡可以找到各種火車的模型、早期的紀念車票及各種文創周邊小物，鐵道迷不要錯過了！

## 中部名產伴手禮

來台中回程伴手禮如果有遺珠，記得在這裡補齊，知名名產例如阿聰師、太陽堂、陳允宝泉、旅禾‧泡芙之家、青鳥‧旅行、裕珍馨、萬益食品、舊振南、花鳥川、薔薇派，可以做最後的巡禮。車票及各種文創周邊小物，鐵道迷不要錯過了！

| 1 | |
|---|---|
| 2 | 3 |
| 4 | |

1. 台中高鐵站有很多餐廳可選擇 2.3. 台灣鐵道故事館 4. 台中高鐵中部名產伴手禮街

1
2
3

1. 入夜前的地標很美
2. 夜間 74 號公路夜景
3. 從高鐵上看台中新地標

 ## 筏子溪  台中新地標

筏子溪屬於烏溪支流，為南北走向，主要功能為農田灌溉，早期由於風光明媚，溪岸間常有竹筏往來，因此被稱為筏子溪。

筏子溪與部份高鐵行經路線為平行段，因此在高鐵南下段設置高達 4 公尺高的醒目立體地標「TAICHUNG」字樣，大型 LOGO 和好萊塢同等級。沿著河道設有涼亭及公園綠地，植被豐富，並有介紹標示牌，華燈初上，字樣會開始有七彩變化，現已成了 IG 的熱門打卡點。

這裡是 74 號快速公路及筏子溪間的狹長水岸地形，沒設置停車位，只能自行找空地停車，交通流量大，騎乘自行車等請注意安全。

---

### 🟣 INFO

☆ 台中市南屯區筏子東街一段 33-59 號

🕐 全天開放。亮燈時間：約 18:30 ～ 22:00

🚌 從高鐵台中站開車約 5 分鐘、iBike 約 10 分鐘

地圖

官網

# 彩虹眷村　國際最知名的彩繪村

　　彩虹眷村座落在烏日春安巷，成立於 2014 年，該區早先因為重劃而需拆除重建，已故的黃永阜先生在當時因為想留下紀念而興起彩繪念頭，後因畫作帶有強烈個人特色，經大學師生聯手向市政府陳情而得以保留下來。

　　黃永阜先生的畫作色彩對比強烈，帶有純真童趣，像是沒有眼睛的四川大熊貓、可愛的小貓咪及各種鳥類等。另外還有詼諧型態呈現的大明星系列，李小龍、歐陽菲菲、張惠妹、張菲、胡瓜、豬哥亮等，他也將文字化作情感變成畫作的一部份，非常經典。

1　　1. 彩虹眷村外觀
2　3　　2.3. 彩虹眷村文物陳設

整個彩虹眷村由好幾棟原本即將拆除的平房組成，規模擴大，並由專業的文創公司打理，以吉祥物古拉奇為創作原點，開發多種文創周邊商品，也販售雷公蛋（茶葉蛋）、冰淇淋、粉圓冰等古早味商品。老先生在世時則是假日比較有機會出現在現場，眷村的畫作需要補漆及維護，則由販售商品的盈餘來支應。

平靜的村子因為黃伯伯的畫作而熱鬧起來，假日慕名而來的旅人更是將這裡擠得水泄不通，電視採訪、婚紗拍照、IG 打卡，屢獲國際媒體報導及推薦，成了國際知名景點。

1. 飲料杯很具特色
2. 彩虹眷村飲料店
3. 彩虹眷村對街的貓門餐廳

🎈 INFO
..............................................................

☆ 台中市南屯區春安路 56 巷 25 號

⊘ 每天 8:00 ～ 18:00

🚌 從高鐵台中站出發公車 56、74、617、655、800 號公車

地圖　　　　FB

(116) # 九張犁站
## Jiuzhangli Station

　　九張犁站位於台中烏日區，設有 iBike 租借站，是捷運最後設置的 7 個站點之一。周邊有二處特別的景點，13 咖啡是老台中才知道的咖啡館，單一價格由老闆手沖咖啡供來賓品嘗，其間還會介紹咖啡的產地、特色及最佳的賞味方法，可以學習到咖啡知識。誠實商店則是開創性的實驗商店，無人經營，付款自由心證，也是教育小朋友的最佳體驗場所。

出口
建國路

捷運九張犁站出站左轉前往 13 咖啡

路線 2　　無人商店買好物

路線圖

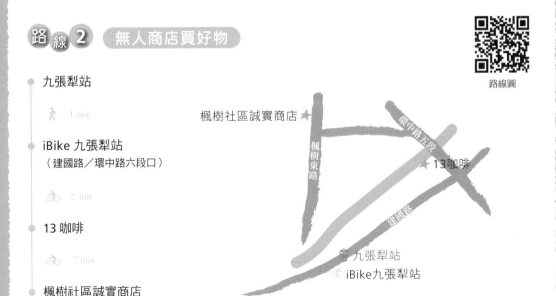

九張犁站

🚶 1 min

iBike 九張犁站
（建國路／環中路六段口）

🚲 2 min

13 咖啡

🚲 7 min

楓樹社區誠實商店

楓樹社區誠實商店 ★

環中路五段

楓樹東路

★ 13 咖啡

建國路

🚇 九張犁站

iBike九張犁站

**13 咖啡** 無菜單咖啡館

13 咖啡原位於楓樹巷 13 號，是座簡樸的三合院聚落，主要是咖啡豆商專作批發的場所，後來為了提供來往友人一處休憩的場所，才成立一個品咖啡的場所，現已搬家是二代店。

13 咖啡隱藏在一個小角落，主建築是咖啡館主人一磚一瓦搭建起來的，簡單的水泥及木頭，頗有工業風格。除了咖啡，這裡也是藝術愛好者喜歡流連的場所，諸如：音樂及陶藝等，相當有文化氣息。

這裡提供咖啡的方式相當特別，採無菜單式進行，每人酌收茶水費，然後咖啡館主人會隨當天的興致手沖咖啡，五大洲各種產地及風味的咖啡皆有，一次大約品嘗四款，由咖啡館主人親自解說，很像在老朋友家做客。

用小杯品咖啡

| 1 | 1. 主建築是屋主自建 |
| 2 | 2. 咖啡館外觀 |
| 3 | 3. 老闆邊煮咖啡邊說明 |

📍 INFO

☆ 台中市南屯區環中路五段 200 號

🕐 13:30 ～ 19:30

🚌 捷運九張犁站建國路單一出口左轉步行約 3 分鐘

地圖

FB

##  楓樹社區誠實商店 　自己投錢買醜檸檬

楓樹社區以古時社區內有棵百年大楓樹而得名，社區內有楓樹腳溪流經，至今仍川流不息，水質澄澈，水草清晰可見。

楓樹社區創庄於 1736 年，庄內三合院保存完整，舊時的土角厝也可在此見到，土角厝旁種植仙人掌，別有異國風情。

楓樹社區的誠實商店為榮利商店，為社區的一家雜貨店，店招和兒時記憶一模一樣。之所以叫誠實商店，主要因這裡是家無人商店，沒有收銀員、沒有監視器，但裡頭擺滿了社區媽媽們的手作香皂、皂基、蒔芛粉及手工藝品等，這些雜貨雖有標價，但給不給錢完全由顧客自由心證。

1. 誠實商店外觀
2. 誠實商店內部陳設

---

**INFO**

☆ 台中市南屯區樂田巷 2-1 號

⊙ 每天 7:00 ～ 19:00

🚌 捷運九張犁站建國路單一出口左轉步行約 17 分鐘、iBike 約 7 分鐘

地圖　　官網

---

**推薦買物**

(01)
**蒔芛冰棒**
台中蒔芛製成的冰棒。

(02)
**誠實檸檬汁**
在地小農的無農藥檸檬汁可直接喝。

(03)
**醜檸檬汁**
在地小農的無農藥濃縮檸檬汁，需稀釋 1：4。

(04)
**蒔芛牛軋糖**
台中限定口味。

(05)
**蒔芛粉**
回家自製果凍。

(06)
**楓燒咖啡**
楓樹社區在地製作。

# (114) 豐樂公園站
## Feng-le Park Station

　　捷運豐樂公園站外觀造型像是流線型的水波紋，此站坐擁南苑公園及豐樂雕塑公園等二座公園綠地，台灣十大清真寺也近在咫尺。本站還有台中知名的秀泰影城、好市多、迪卡儂運動用品，以及慈濟靜思堂，可說是生活機能相當豐富的一站。

出口
文心南五路

捷運豐樂公園站外觀

---

路 線 3　　雕塑公園、大清眞寺散策吃烤鴨

路線圖

**豐樂公園站**

🚶 3 min

**iBike 南苑公園**
（文心南五路一段／文心南六路 268 巷）

🚲 3 min

**台中清真寺**

🚲 5 min

**豐樂雕塑公園**

🚲 2 min

**鴨片館**

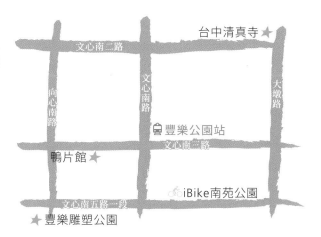

# 台中清真寺　台灣等級最高的清真寺之一

台中清真寺主體外觀簡約素雅，名列台灣十大清真寺之一，也是中部唯一一座清真寺。

早期台灣只有台北及高雄設有清真寺，但伊斯蘭信徒與日俱增，興建一處供信徒禮拜的場所也有迫切的需要，於是在政府、民間及沙烏地阿拉伯協助下，1990年終於在現址竣工，所以這座清真寺也是友誼的象徵。

清真寺一般都有圓頂、宣禮塔及禮拜堂，因為禁止崇拜偶像的關係，陳設通常很簡單，沒有任何人像及圖騰，教規嚴謹，通常一天要朝麥加的方向禮拜五次，進禮拜堂前還需要先淨身，並且男女有別。

台灣目前很重視伊斯蘭文化，包括機場及博物館都設有禮拜堂，便利商店也有淨身設備，餐廳有清真認證標章，期望廣增設施，讓伊斯蘭朋友感到更舒適便利。

1　3
2

1. 禮拜堂 2. 讀經處
3. 台中清真寺為白色建築

---

INFO

☆ 台中市南屯區大墩南路457號

⊙ 8:30～20:00

🚇 從捷運豐樂公園站文心南五路單一出口步行約9分鐘、
iBike約3分鐘

地圖

FB

1 2　1. 園內處處都是名家雕塑 2. 著名的六孔橋 3. 小朋友的遊戲
3 4　場 4. 公園公廁有石虎彩繪是打卡熱點

## 豐樂雕塑公園　國際級雕塑家作品的展演場

豐樂公園是台中老牌公園之一，佔地 6.4 公頃相當遼闊，主要是歷屆得獎雕塑家作品為造景主題，內有一座人工湖及造景六孔橋，園區內還有一座活動中心，主要是做為新住民的活動場所，另外也有展覽、演講及藝文表演等活動，機能性相當完備。

豐樂公園除了景觀優美，園區內碧草如茵，整理的相當乾淨，還設置兒童遊憩區及青少年跑酷及滑板等設備，每到假日總是遊人如織。近來流行彩繪主題，公園裡有一座公廁，外頭以粉紫色彩繪出台中代表動物石虎，還有蝴蝶及變色龍等，已成了園區內的 IG 打卡熱點。

---

INFO

☆ 台中市南屯區文心南五路 331 號

◷ 全天開放

🚌 從捷運豐樂公園站文心南五路單一出口步行約 5 分鐘

地圖　　官網

 **鴨片館** 吃烤鴨不用到北京

鴨片館鄰近豐樂公園，是南屯區人氣餐廳，主要提供烤鴨及火鍋合菜，烤鴨製作費時費工，所以有數量限制，想吃現烤現片的烤鴨，請提前預訂。

說到烤鴨就想到北京烤鴨，在北京烤鴨製作有掛爐及悶爐二種作法，前者是明火直烤，烤出來的皮相當酥脆多汁，帶點果木香氣；後者為升火至一定溫度，然後熄火用餘溫烤熟，這樣出來的烤鴨肉質鮮嫩多汁。

台灣的烤法則是用特殊的鐵爐掛烤，烤鴨先前置製作，要入窯烤前再刷上一層焦糖，成品除了皮脆肉嫩，鴨皮色澤金黃閃亮，光視覺就相當誘人。

1 2 / 3
1. 鴨片館外觀
2. 餐廳內部
3. 現場片鴨

 烤鴨大餐

芝麻餅

現蒸的小籠包

🟦 INFO

☆ 台中市南屯區文心南三路 555 號

🕐 11:30 ～ 14:30、17:30 ～ 22:00

🚌 從捷運豐樂公園站文心南五路單一出口步行約 4 分鐘

 地圖　 FB

# (113) 南屯站
## Nantun Station

　　捷運南屯站周邊是台中最早發源地區，老地名稱為「田心」，可見早期在台中地理的重要性。

　　現在的南屯區雖不復以往榮光，但早先熱鬧繁華的老街，反而成了思古悠遠的地方。在這裡可以見識到從前去台中市區的輕便車、閩式古厝，以及早期打鐵街古色古香的建築，台中最早的媽祖廟及百年餅舖林金生香都在這個區域，是輕鬆悠閒的綠色路線。

捷運南屯站出站就有 iBike

路線 **4**　懷舊古街蔴芛下午茶聽戲曲

路線圖

- 南屯站
  - 🚶 1 min
- iBike 五權西文心路口（五權西路二段／文心路一段口）
  - 🚴 3 min
- 牛墟輕便車站
  - 🚴 1 min
- 瑞濟堂
  - 🚴 2 min
- 南屯老街
  - 🚴 2 min
- 林金生香百年糕餅舖
  - 🚴 1 min
- 萬和宮（聽戲曲）
  - 🚴 15 min
- 漁人町日本星光市集

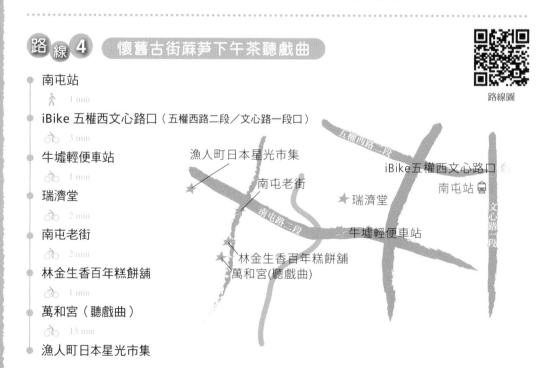

## 🔵 牛墟輕便車站 　早期進台中市人力推車

輕便車是一種人力推車，運行在鐵軌上，一台輕便車約莫可以坐四個人，四邊是由相思樹組成的把手，下方設有輪子及手煞車，從南屯運行到現在的三民路一帶（靠近中區舊台中市區），在當時是進台中市區的重要交通工具。

---

### 🔵 INFO

☆ 台中市南屯區南屯路二段 415 號

🕙 全天開放

🚌 從捷運南屯站五權西路二段單一出口步行約 7 分鐘、
　　iBike 約 2 分鐘

地圖　　官網

---

## 🔵 瑞濟堂 　老街百年閩式古厝

南屯老街一帶保存下來的閩式三合院，這裡原是南屯賴家大戶的百年古厝，佔地約一千坪。門庭前方有早期洗衣的水池，整體格局為二進院落，二側皆有護龍，三合院門埕早期是曬穀的場所，也可當活動場所。

因為年久失修，建築雖保留下來，但沒有好好維護，現場感覺像廢墟，不過還是可以見識到早期台灣閩式風格建築。

---

### 🔵 INFO

☆ 台中市南屯區田心北三巷 3-6 號

🕙 全天開放

🚌 從捷運南屯站五權西路二段單一出口步行約 8 分鐘、iBike 約 3 分鐘

地圖

南屯老街是台中最早起源的地方，繁極一時，如今雖已沒落，但保留下來的古蹟建築，仍讓到此遊客發思古之幽情。

清康熙年間定海總兵張國在此開墾，吸引大量移民，開墾需要大量農具，造就這一帶打造犁頭農具的店舖盛行，因此又稱為犁頭店。萬和宮看戲、輕便車站搭車前往台中、穿木屐躦鯪鯉，都成了老街長大孩子的共同記憶。農業社會最重視開墾及收成，相傳犁頭店有鯪鯉活動，鯪鯉（穿山甲）會躦入地底冬眠，到了端午如果還沒看到鯪鯉活動，恐會影響作物收成。這時居民就會敲打鍋碗瓢盆吵醒沈睡的鯪鯉祈求作物豐收，這也是為何南屯會有穿山甲壁畫及公仔的故事傳說。

南屯老街最古老的房子約有二百多年歷史，街上有很多老店，像是最具代表性的林金生香餅舖，巴洛克風格的三角街、打鐵店、米麩店、中藥舖等，古色古香，鬧中取靜。

1　1. 南屯老街
2　2. 南屯老街三角街
3　3. 南屯老街米麩店

⬤ INFO

☆ 萬和宮及南屯路二段間

⊙ 每天 8:00 ～ 20:00

🚌 從捷運南屯站五權西路二段單一出口步行約 11 分鐘、
　　iBike 約 3 分鐘

地圖

官網

# 萬和宮　台中最古老媽祖廟

萬和宮是一座國家三級古蹟，始建於1684年，是台中最古老的一座媽祖廟，供奉老大媽，完成於清雍正四年，是早期犁頭店（南屯區）的信仰中心。

萬和宮是典型的閩南式廟宇，採三進院落格局，雕刻精美，繪畫、交趾燒、剪黏裝飾、樑柱等皆精美絕倫。殿內文物眾多，曾與逢甲大學學術單位合作，出版《萬和藏珍》書籍，登錄文物近1600件，其中張國祿位、昭和年款銅鐘、道光年款鈺鐵鐘、鈺鐵金爐及「德媲媧皇」匾等5件，皆為台中重要文物。

萬和宮是由當時前浙江定海總兵張國所提倡創建，所以廟內供奉張國之祿位，這在台灣廟宇堪稱罕見。萬和宮前面廟埕常有戲台演出，首創的字姓戲，自古以來就相當踴躍，據傳曾經一天演十八台戲達十五年之久。旁邊的萬和宮文物館及蔴芛文化館，是了解這座廟宇及台中早期黃麻文化的好去處。

1　2
3　4　5

1. 萬和宮外觀 2. 萬和宮字姓戲 3. 萬和宮文物館內道光年款鐵鐘 4. 張國祿位 5.「德媲媧皇」匾

## INFO

☆ 台中市南屯區萬和路一段 51 號

⊙ 每天 8:00 ～ 22:00

🚌 從捷運南屯站五權西路二段單一出口步行約 13 分鐘、iBike 約 4 分鐘

地圖

官網

# 漁人町日本星光市集　全台唯一日式市集

　　漁人町日本星光市集位於台中魚市場 - 哈漁碼頭內，近五權西路交流道，設有免費停車場，有別於一般台式夜市，以日式風格為主題，想體驗不同的夜市風格，不能錯過這裡。

　　星光市集佔地約 700 坪，約有 100 個攤位以上，以木造結構或是胖卡餐車方式形成聚落。餐飲供應方面結合日、台元素，燒烤、點心、糕點、飲料，有文創小店、衣服及居家用品，還有一項特點是親子闖關式遊戲特別多，這點也是大人喜歡帶小朋友來的原因。中庭設有舞台區，提供表演及活動的場地，讓現場充滿歡樂的氣氛。

1　　1. 漁人町日本星光市集入口
2　　2. 對面就是台中魚市場有免費停車位
3　　3. 露天舞台

| 1 | 2 | 1. 工作人員穿日式衣服 2. 戶外休憩區 3. 木製的小吃攤位 |
| 3 | 4 | 4. 現場有日本大型招財貓公仔 5. 遊戲區 |
| 5 | | |

　　除了星光市集，這裡白天是觀光休閒魚市場，為中部獨一無二的新鮮魚貨拍賣集中地。潮港城太陽百匯也位於這裡，並有多家海鮮餐廳、海鮮鍋物及水產街，白天及夜晚同樣精彩，是台中人的深夜食堂。

---

🔵 INFO

..............................................

☆ 台中市南屯區環中路四段 2 號

🕐 17:00 ～ 1:00。週一～三休

🚇 捷運南屯站搭乘 56 號公車往哈漁碼頭，步行約 8 分鐘、
　 i Bike 約 15 分鐘

地圖　　官網

---

# (112) 文心森林公園站
## Wenxin Forest Park Station

　　文心森林公園可説是最富有藝文氣息的一站，出口即達文心森林公園，著名的圓滿戶外劇場即座落於此。這裡曾舉辦過火焰之舞、Lady Gaga 等大型表演，也是元宵燈會的舉辦場所。

　　沿線還可一路遊玩台中最重要的文創聚落，國家級的美術館及綠園道等都在這條路線，巷弄裡有很多好吃的蛋糕及好逛的各種小店，等你來發掘。

出口
文心森林公園

文心森林公園站出站即是戶外圓滿劇場

## 路線 5　藝文之旅：審計新村、國美館

路線圖

● 文心森林公園站
　🚶 2 min
● 文心森林公園
　🚶 1 min
● iBike 文心森林公園（文心路／向上路口）
　🚴 10 min
● 綠光計劃范特喜文創聚落
　🚴 1 min
● 審計新村 368 文創園區
　🚴 4 min
● 國美館
　🚴 2 min
● 忠信市場

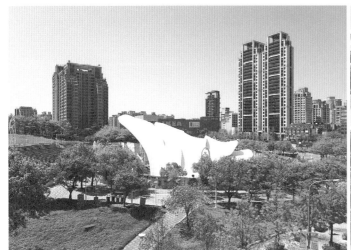

## 文心森林公園 圓滿戶外劇場看表演

文心森林公園裡的白色貝殼狀圓滿戶外劇場，是全台最大的一座戶外露天劇場，可同時容納 16000 名觀眾。很多知名的劇團及歌手都曾在這裡登台演出，包括大家熟知的 Lady Gaga，一直以來是文心路上的大地標，捷運開通後更是步行距離即可抵達，相當便捷。

如果沒有表演演出的日子，這裡也是座機能性相當完備的公園，園區內有座依據小朋友感官、體能及智力等各種協調打造而成的 12 感官遊戲設施，像是攀岩、迷宮、翻轉色塊、木珠溜滑梯、伸縮木樁、白沙等，設施相當多元，一旁立牌都有解說使用方式，玩沙後全身都是沙子，也有清洗設備，相當貼心。

台中市政府活化公園的使用，先後在多座公園設置親子共遊地點，這對家長來說絕對是好消息，孩子可以訓練感官及體能，設施新穎安全，而且都是免費，原本閒置、陰暗的公園有了新生命，是共贏的好地方。

1 2 3 4 5

1. 圓滿戶外劇場 2. 捷運文心公園站 3. 捷運文心公園站植生牆 4. 伸縮木樁 5. 木珠溜滑梯

📍 INFO

☆ 台中市南屯區文心路一段

⊙ 全天開放

🚇 捷運文心森林公園站出站即達

地圖　　　官網

# 綠光計劃范特喜文創聚落　藝術人文小聚落

綠光計劃是屬於整個大勤美及國美館區域的一環，原是十二棟自來水公司的老宿舍，經過舊建物風格再造計劃，以綠能環保為主要訴求，引進微型的手創藝術作者及商店，以藝術、人文、創意為主軸，共創互動的友善環境。

宿舍的二樓是可以互通的，形成一個大平台，將這些創作者工作室串連在一起，來到這裡頗像在城市尋寶的感覺，每一個窗口及每一處樓梯都有不同風景。

在城市逛累了，這裡有咖啡館也可稍作歇息，有文青場景可以拍照，有文創商店可以尋寶，適合文青風格的你，每到假日都是人潮滿滿。

1
2
3

1. 二樓空間可互相串門子 2. 裡面設計得很復古 3. 這裡原是自來水公司老宿舍

---

## 📍 INFO

☆ 台中市西區中興一巷 19 號

🕙 每天 9:30 ～ 21:00

🚌 從捷運文心森林公園站搭乘全航 5 號公車往台中車站方向，於互助新村下車。或是騎 iBike 約 10 分鐘

地圖　　官網

# 審計新村 368 文創園區　文創商店展演場

　　相信大家對霧峰光復新村一定印象深刻,原是舊省府時代的員工宿舍,經過社區再造計劃,邀請文創商店進駐,除了活絡政府建物,也創造出不少就業機會及觀光熱潮。現在台中市區也有一座審計新村,鄰近勤美綠園道,地利方便,區域集中,文創商店更多,平日在走道上都設有露天市集,各種商店目不暇給,非常好逛。

　　審計新村是採委外經營的方式,不過政府有保留部份宿舍空間,開放民眾提案,只要符合文創及綠色產業等大方向,都有機會駐村為大家服務。因此這裡可以看到很多新概念的文創商品,例如:水耕植物、金工、手工皮飾,再加上 IG 打卡熱點的設置,一舉成功打動年輕人的芳心。

1　2　1. 審計新村內部 2. 文創商品

1

2　3

4　5

1. 外面有大型冰淇淋道具供拍照 2. 外面的漫畫故事牆 3. 冰淇淋上頭點綴月亮餅乾 4. 內部空間 5. 義式搭配台灣食材的冰淇淋

## 甜月亮義大利手作冰淇淋

不論冬天或夏天，來審計新村不免要到甜月亮吃二球義式冰淇淋！室內有簡單的座位區，可以讓逛累的人暫時小歇一下，室外有大型的冰淇淋道具可供拍照，真的是好吃又好拍。

來這裡總讓我想起羅馬許願池旁的冰淇淋店，不管是否先許願，都先要吃上一筒道地口味的冰淇淋。甜月亮義式冰淇淋的製法，獲得義大利冰淇淋傳統製法及流程認證，食材部份則融合創意及台、日等多國元素構想，他們會用日式抹茶、泰式奶茶，也會用台灣當季水果，例如芒果、甘蔗、水蜜桃、柳橙、台灣茶等素材，除了取悅台灣人的味蕾，同時也讓外國人感受到濃濃的台灣本土風味。

## KerKerland 寄明信片給未來的自己

　　KerKerland 無疑是審計新村最讓人心靈沈澱的小角落，這裡除了有販售一些老闆娘從國外帶回來的文具之外，最大賣點就是老闆娘親自設計的明信片，設計靈感來自於老闆娘不同人生階段的經驗，諸如交友、結婚、和貓咪的相處時光，及各式各樣的心靈小語。

　　特別的是，當你在現場寫好明信片後，可以在時光抽屜裡找到未來十年的每一個月份，選擇在哪一年、哪一月寄出，有人寄給家人、有人寄給朋友，更有人寄給自己，明信片裡充滿對未來的想像，因為這個特別的寄信方式，受到世界各地造訪旅人的青睞。不過未來是個不確定的因素，據說也有很多人打電話回來要求抽出明信片，因素很多，包含以前的戀人，現今已分手等等理由。寄張明信片給未來的自己，感謝自己以前的努力，總讓人覺得好像坐上哆啦 A 夢的時光機，來這裡別忘了體驗這項特殊的活動。

1　2　　1. 時光抽屜 2. 可以按照年份及月份寄信給未來的自己

旅禾泡芙之家

　　這家店前的摩艾石像非常顯眼，已成了到村必訪的 IG 景點，現場除了摩艾石像頭頂著泡芙之外，也有提供泡芙帽子拍照，店外常見拍照人潮。

　　這家店主要販售麵包及鳳梨酥等糕點，人氣商品為泡芙、北海道生乳冰淇淋麵包，起司派口味相當濃郁，店內還有一款摩艾造型的冬瓜檸檬茶，也是必敗飲品之一。

🔘 INFO

審計新村 368 文創園區

☆ 台中市西區民生路 368 巷

⊙ 每天 11:30 ～ 20:30

🚌 在捷運文心森林公園站搭乘全航 5 號公車往台中車站方向，
　　於市農會下車；或騎 iBike 約 10 分鐘

地圖

FB

# 國立台灣美術館　國家級美術館

國美館是座國家級的美術館，隸屬於文化部，裡頭的佈展都是國家級及世界級，包含重量級及新銳藝術家，國際展、雙年展，並定期舉辦特展。由於展覽前衛豐富，已成為市民朋友常訪及國際間友人來台中一定去的展館。

國美館佔地廣闊，外面綠草如茵，和草悟道及美術園道連成一氣，常設有名家雕塑展覽及先賢墨寶碑林，不定期會有大型戶外大型公共藝術展覽。

| 1 | 1. 國美館外觀 |
| 2 | 2. 展館大廳 |
| 3 | 3. 展館內部 |

1. 2. 3. 展品欣賞 - 顏水龍作品
4. 春水堂及秋山堂

1
2
3
4

美術館除了展覽室，常有小朋友的遊戲室，有一座文創商店，古典玫瑰園、春水堂及秋山堂皆在此展店。除了逛展，還可和三五好友泡茶品茗，買作家的陶藝作品，濃厚的藝文氣息也帶動周邊的商店，整區給人感覺相當舒服。

📍 INFO

☆ 台中市西區五權西路一段 2 號

🕐 週二～五 12:00 ～ 18:00、週六 10:00 ～ 20:00、
   週日 10:00 ～ 18:00、週一休館

🚌 從捷運文心森林公園站騎 iBike 約 12 分鐘、捷運南屯
   站搭乘 75 號公車於美術館下車

地圖　　官網

## 古典玫瑰園：英式下午茶始祖

古典玫瑰園成立於 1990 年，由藝術家黃騰輝先生所創立，他是將英國下午茶風氣帶入台中的先驅。

古典玫瑰園目前遍及全台，首家海外據點選在福州，和台灣各地許多歷史古蹟合作，一方面負起維護古蹟的責任，另一方面則是增加古蹟的底蘊及溫度，國美館及高雄的打狗英國領事館文化園區，都由古典玫瑰園所經營。

古典玫瑰園下午茶一定要嚐試

1 2　1. 位於國美館二樓的古典玫瑰園 2. 店內有販售原在台中市役所內的紀念杯
3 4　3. 店內販售的英式茶具 4. 店內販售的茶品

---

🔵 INFO

☆ 台中市西區五權西路一段 2 號

⊘ 每天 10:30 ～ 17:00（週一休）

🚌 從捷運文心森林公園站騎 iBike 約 12 分鐘、捷運南屯站搭乘 75 號公車於美術館下車

地圖　　官網

1
2
3

1. 忠信市場文創小店 2. 咖啡館 3. 藝文風格的彩繪

## 忠信市場　沒落市場有春天

忠信市場位於國美館正對面，隱身在城市一隅，在鋒芒畢露的豪宅群間，附近有高檔異國風味餐廳區、傢俱店、藝品店、有設計感十足的空間藝術，讓這座位於廢棄傳統市場裡的文創空間，顯得前衛又衝突。

因為有藝術家的進駐，忠信市場重新被人記憶起，藝術家會隱身在這裡完全是成本考量，並把原本晦暗的空間點亮，飄著臭味的泥砌公廁，在大葉大學的學生彩繪下，重新賦予生命力。

到忠信市場喝杯咖啡，逛一下文創小店，買個蛋糕、甜點，可感受到這些創作者所提倡的慢生活。

---

### INFO

☆ 中市五權一街（西二街及西三街間）

🕐 14:00 ～ 22:00

🚌 從捷運文心森林公園站騎 iBike 約 12 分鐘、捷運南屯站搭乘 75 號公車於美術館下車（在國美館正對面）

地圖

官網

# 水安宮站
## Shui-an Temple Station

　　水安宮站外即是擁有 260 年歷史的水安宮，主要供奉三府王爺，此站在建設時名稱曾多次更改，後定名為水安宮站較易於識別。水安宮站新、舊建築交替，捷運建築擋住水安宮的龍邊偏殿。2020 年落成的水安宮牌樓，則是擋住部份捷運建築，形成特殊的景象。

捷運水安宮站出站即是水安宮及 iBike 站

路線 6　勤美誠品綠園道散策、美食旗艦大街啖美食

路線圖

● 水安宮站
　🚶 1 min
● iBike 水安宮站（文心路一段／水安街口）
　🚴 10 min
● 勤美誠品綠園道
　🚶 2 min
● 無框架甜點　　　● 公益路美食街
　🚶 2 min　　　　🚴 10 min
● 今日蜜麻花　　　● 劉麵包廠
　🚴 2 min　　　　🚴 2 min
● 阿薩斯雕像　　　● 柳川屋彩繪麵包店
　🚴 2 min　　　　🚴 2 min
● 模範貝果━━━━● 咖波屋
　　　🚴 2 min

iBike水安宮站
🚇水安宮站

文心路一段

美村路一段

公益路

向上路一段

英才路

LZ DESSART無框架甜點
★ 勤美誠品綠園道
今日蜜麻花 ★
阿薩斯雕像 ★
★ 咖波屋
模範貝果 ★
柳川屋麵包店
劉麵包廠

# 勤美誠品綠園道

勤美誠品位於公益路上，是勤美綠園道、草悟道二條林蔭大道的中繼站，前者延伸至台中科博館，後者則至國立美術館。勤美誠品建築外觀及內部裝潢採植生牆設計，充滿綠意的植物景觀，加上市民廣場大片綠地及林蔭大道的幽靜，更有頂級勤美洲際酒店及隈研吾地景加入，讓這一帶成了市民及遊客最喜愛的地方。

市民廣場會依時序舉辦各種活動，像是「國際花毯節暨辦桌嘉年華」、「台中爵士音樂節」，綠園道上假日常有多組街頭藝人表演、文創市集及流浪貓狗認養等較年輕屬性的節目相當多，再加上鄰近咖啡店、餐廳、甜點店林立，每到假日總是人潮洶湧。

|   | 2 | 1.2. 勤美誠品綠園道 |
|---|---|---|
| 1 | 3 | 3. 勤美誠品 |

## LZ DESSART 無框架甜點

無框架甜點就在市民廣場旁，如果你是甜點控，絕對不能錯過這家世界冠軍的甜點店。

無框架主廚陳立喆原任職於布藍里及糖村等知名麵包店，從 2000 年開始在各大比賽中勝出，2014 年一舉奪得全球甜點大賽冠軍，是台灣的驕傲。他的作品比較偏向法式風格，融合自己獨門的特殊風格，希望不被界定於哪一種流派，因此取名為無框架。除了常溫麵包、冰淇淋、飲料，最經典的就是玻璃櫃裡的甜點蛋糕，每件作品都像極了藝術品，不定期更換口味，因此每次造訪都是一種期待。

---

### 📍 INFO

☆ 台中市西區中興街 183 號

🕐 12:00 ～ 21:00

🚌 從捷運水安宮站搭乘 27、81 號公車往台中車站方向，
於市民廣場下車

地圖　　　　FB

今日蜜麻花

今日蜜麻花創立於 1965 年，是台中老牌伴手禮之一，隱藏在市民廣場旁巷弄的一家民宅製作銷售，經營形態跟舊金山的幸運餅乾創始老店一模一樣。由於產品都是現場手工製作，可以當成觀光工廠的景點。

招牌就是麥芽糖灑上芝麻的蜜麻花，由於手工製作，數量有限，現場排隊，售完為止。網路及官網也有銷售，但到創始店參觀有一種打卡快感。除了蜜麻花，還有椰子、杏仁、花生、黑芝麻、白芝麻的菓子香片及百香巧菓等口味，每種味道都有擁護者。包裝上面有台中公園的標誌，正港台中伴手禮，價格實惠，份量足，送公司同事及朋友都很有面子。

📍 INFO

☆ 台中市西區中興七巷 12 號

🕙 10:00 ～ 21:00、星期日 11:00 ～ 17:00

🚌 從捷運水安宮站搭乘 27、81 號公車往台中車站方向，於市民廣場下車

地圖

官網

## 阿薩斯雕像

阿薩斯是電腦遊戲《魔獸爭霸》裡的主角之一，故事中他由正轉邪充滿戲劇的傳奇一生，深受玩家喜愛，是最受歡迎的角色之一。2016年《魔獸爭霸》所屬的暴雪娛樂成立 25 週年，特別請好萊塢知名台裔藝術家 Steve Wang 製作阿薩斯雕像，耗時逾 9 個月完成，成了《魔獸爭霸》首座對外開放的戶外裝置藝術品，也成為魔獸迷來台中必定朝聖的景點。

### 📍 INFO

☆ 台中市西區向上北路 100 號

🕐 全天開放

🚌 從捷運水安宮站搭乘 27 號公車往台中車站方向，於英才／向上北路口下車，步行約 1 分鐘

地圖　　　官網

## 模範貝果

相信有不少人是貝果的擁護者，台北很多名店作法是抹上各種口味厚醬，厚實又美觀。

台中模範街起家的模範貝果，走的則是媽媽口味，原來是媽媽喜歡作菜給小朋友吃，標榜做給自己人吃的，當然是最天然無添加，後來才延伸至將食材揉入西點烘焙，成立了模範貝果。口味多元，檸檬、優格、蜂蜜、抹茶、玫瑰、辣椒、百香果，季節限定的愛文芒果及蔴荖。目前只有模範街一家做外帶的小店，每天 12 點後出爐，想要吃到熱門口味，可得提前排隊。

### 📍 INFO

☆ 台中市西區模範街一巷 1 號

🕐 12:00 ～ 19:00。週三休

🚌 從捷運水安宮站搭乘 27 號公車往台中車站方向，於向上／英才路口下車，步行約 2 分鐘

地圖　　　官網

1
2　3

1. 咖波屋外觀
2. 咖波屋餐廳
3. 咖波屋內部

咖波屋

　　咖波屋是一棟日治時期舊房子改造而成的文創商品故事主題館，鄰近還有一家咖啡館，專售主題飲料及咖波燒等，以萌為主題構想，建置 IG 打卡場景，成了熱門景點。

　　主角貓貓蟲咖波是台灣漫畫作者亞拉創作出來的角色，包含狗狗、奶泡貓、小雞等角色都深受喜愛。原來在巴哈姆特電玩資訊站發跡，之後也推出 LINE 貼圖，實體店面讓貼圖的角色立體化，彷彿到了貓貓蟲咖波的家中作客，很適合喜歡療癒系景點的朋友前往。

---

**INFO**

☆ 台中市西區模範街 8 巷 23 號

⊗ 11:00 ～ 20:00。週一休

🚌 從捷運水安宮站搭乘 27 號公車往台中車站方向，於向上
　／英才路口下車，步行約 3 分鐘

地圖　　　FB

## 柳川 や柳川屋麵包店

　　柳川屋麵包店鄰近誠品綠園道，是一棟有 50 年歷史老宅改建的文青風格麵包店，門口大大的菠蘿造型模型，成了 IG 打卡熱點。

　　這家店除了靠整體氣氛營造，其實品質才是重點，販售商品種類不多，星野菠蘿、鹽可頌、吐司、牛角麵包等明星商品，奶油採用的是法國藍絲可 AOP 頂級發酵奶油，鹽則是來自法國的鹽之花，真材實料，獲得很好的評價。

　　星野菠蘿則是主力排隊商品，酵母是採用日本有 70 年歷史的星野酵母，人力培養酵母到製作成品，整個歷程要花 2 天時間，數量有限，所以如果是外地遊客，建議先打電話預約，現場買到的機率不高。

### 🏮 INFO

☆ 台中市西區民權路 213 巷 11 號

🕐 12:00 ～ 19:00

🚌 從捷運水安宮站搭乘 27 號公車往台中車站方向，於向上／民權路口下車，步行約 1 分鐘

地圖

FB

# 公益路美食街

在台中，如果想到海派的餐廳用餐就會想到公益路，公益路的崛起和早期老牌餐廳無為草堂、台南攤仔麵（頂鮮）、醉鴛鴦多少有關係，市場成熟吸引更多餐廳加入。

公益路上的餐廳版圖目前仍在壯大中，現在指的公益路應是指環中路到台灣大道這一大段將近 5 公里的距離，琳琅滿目的餐廳多到讓人目不暇給，餐廳一級戰區。除了菜色口味需求新求變，外觀及裝潢也得跟上潮流，只要開在公益路上的都可稱為旗艦店。

想接地氣，感受台中特有的大器文化，到公益路走一趟，選擇一間餐廳用餐，特別能體會到。

| 1 | 2 |
|---|---|
| 3 | 4 |

1. 一笈壽司
2. 鼎王麻辣鍋
3. 一頭牛餐廳
4. 尼尼 NINI 義大利麵餐廳

公益路美食地圖

1
2 3
1. 無為草堂內 2. 無為草堂茶室 3. 無為草堂客廳

無為草堂

　無為草堂成立於 1994 年，是都市叢林裡一個小小的祕境，走進裡面彷彿一秒身處在江南，裡頭小橋流水，魚戲小河，中庭還有一座小湖泊，錦鯉遊戲其間，丟魚餌餵魚，魚群全部聚集過來，好療癒。

　無為草堂主要提供簡餐及泡茶服務，裡頭有很多獨立的小包廂，是好友聊天的好地方。

---

● INFO

☆ 台中市南屯區公益路二段 106 號

⊙ 每天 10:30 ～ 21:30

🚌 從捷運水安宮站大業路單一出口步行約 7 分鐘、
　　iBike 約 3 分鐘

地圖

官網

1
2
3

1. 太初為日式風格平房
2. 太初內部
3. 太初小菜

太初牛肉麵

## 太初麺食りようり

　太初隸屬於輕井澤集團旗下的一個平價麵食餐廳，價格雖平價，但內部裝潢也是走精緻高檔路線。

　來到公益路則不得不提及輕井澤集團，2003 年第一家輕井澤以日式高檔風格提供平價鍋物，在員林火車站前起家，目前旗下品牌有輕井澤鍋物、拾七石頭火鍋、湯棧鍋物、老常在麻辣鍋物、茶六燒肉堂、太初麵食、空也素麵食、一笈壽司，整條公益路大半都是他們家的相關企業。

　這麼龐大且優秀的餐飲家族，每家裝潢都讓人瞠目結舌，一定要來大開眼界一番。

---

### INFO

☆ 台中市南屯區公益路二段 115 號

⊙ 每天 11:00 ～ 00:00

🚌 從捷運水安宮站大業路單一出口步行約 7 分鐘、
　iBike 約 3 分鐘

地圖

FB

# 台中市政府站
## Taichung City Hall Station

　　捷運台中市政府站，是捷運最時尚及最具國際氣息的一站，也是台中市政中心所在，整體氣勢宏偉，在都會區是難得的格局。

　　市府站同時鄰近知名的新光三越及大遠百，每到假日人潮洶湧，舉世知名的國家歌劇院亦座落於此，而擁有世界最美稱號的蔦屋書店也在附近，生活機能豐富多元。

出口2
台灣大道二段

出口1
台中市政府

捷運市政府站有二處出口，一出站都有 iBike

---

路 線 **7**　世界級國家歌劇院×最美書店之旅

路線圖

台中市政府捷運站（出口1）
　🚶 1 min

iBike 市政府文心樓站（文心路二段／台灣大道二段口）
　🚲 7 min

秋紅谷
　🚲 3 min

台中國家歌劇院
　🚶 2 min

分子藥局
　🚲 3 min

惠來遺址公園
　🚲 6 min

五十嵐 KOI PLUS
　🚶 1 min

蔦屋書店

秋紅谷
台中國家歌劇院
惠來遺址公園
五十嵐KOI PLUS
分子藥局
台中市政府站
iBike市政府文心樓站
蔦屋書店

# 秋紅谷 都市叢林中的綠肺公園

秋紅谷鄰近國家歌劇院、新光三越、大遠百等公共景點，交通相當便利，是台灣首座「下凹式」的生態公園；還曾拿下全球卓越建設的首獎，以峽谷的方式呈現，主要做為都市綠肺，兼具觀光、排水及調節空氣品質等功能。

整個秋紅谷像是一處森林綠地，綠意盎然，中間湖泊有橋樑連結，湖光山色，小魚群游其間，是都市的一處小清新。華燈初上，峽谷周環的大樓開始亮燈，燈火倒影在湖面又是另一種景致。

園內遍植楊柳、風鈴木及香楓等植物，各個季節都有不同當季植物可欣賞，再加上英國地景大師的景觀規劃，是一處可以放鬆心情，散策談心的好地方。

1
2
3

1. 秋紅谷四周高樓林立
2. 秋紅谷是散步的好地方 3. 鳥瞰秋紅谷綠意盎然

---

**INFO**

☆ 台中市西屯區朝富路 30 號

⊙ 全天開放

🚌 從台中市政府捷運站 2 號出口，搭乘優化公車 300 ～ 308 號公車往海線方向，於秋紅谷下車

地圖

官網

# 台中國家歌劇院　世界級的建築地標

　　台中國家歌劇院座落在台中七期重劃區最精華地段，四周豪宅林立，居高臨下頗有未來城市之感。每個城市都有一座偉大的歌劇院，伊東豐雄設計的台中國家歌劇院則把城市精神推向世界。

　　台中國家歌劇院被喻為世界第九大地標及世界最難蓋的建築，伊東豐雄最原始的概念是以樹屋、洞窟及涵洞為整體架構，整座建築共有58面曲牆，西班牙建築師高第曾說過：「直線是人類的，曲線才是上帝的」，可見曲線在建築裡的施工難度，也成為每位建築師最想突破的目標。伊東豐雄一度認為這座建築蓋不成，當整個團隊及政府機構同心協力促成這座世界級的建物誕生時，帶給這座城市的共榮感及價值不可言諭。

1. 歌劇院外觀

2.3. 台中國家歌劇院看出去的景象

如今的台中國家歌劇院已成了建築界的聖殿，來自全球的新銳建築師都想親臨一睹芳澤。伊東豐雄在台灣的作品還有台灣大學社會科學院圖書館、台北文創大樓、高雄世運主場館，台中有富邦文心大樓及鄰近國家美術館的富邦天空樹，這是伊東豐雄設計的全球首座住宅大樓。

歌劇院除了例行的節目演出，建築空間也結合餐廳、文創及咖啡館，頂樓可散步欣賞美景，更是台中不可或缺的 IG 打卡點。

| 1 | 2 | 1. 歌劇院頂樓空間 2. 表演廳燈光秀 |
| 3 | 4 | 3. 好樣食藝餐廳 |
|   |   | 4. 好樣食藝餐廳下午茶 |

🎈 INFO

☆ 台中市西屯區惠來路二段 101 號

🕐 11:30 ～ 21:00。週一休館

🚌 從台中市政府捷運站 2 號出口，於台灣大道搭乘優化公車 300 ～ 308 號往海線方向，於新光三越／大遠百下車步行約 5 分鐘

地圖

官網

1 2 3　1. 中廳有一座螺旋梯 2. 分子藥局在歌劇院對面豪宅一樓 3. 二樓是展覽空間

## 🕮 分子藥局　全台最前衛的藥局

　　分子藥局位於國家歌劇院對面，顛覆大家對傳統藥局陳設及格局的想像，整個裝潢設計相當前衛，像在逛精品店。

　　整體規劃以白色系為主，中間有一座通往二樓的螺旋梯，二樓規劃為藝術展覽空間。一樓藥品皆是選物式的陳列，有別於傳統藥局的百貨雜陳方式，而是由藥師根據醫學文獻及天然有機方向挑選的產品，一樓還可以喝杯手沖咖啡。

　　分子藥局在理念上相當獨特，和市場做出了明顯區隔，營業場所不大，卻處處有巧思，喜歡有設計感的朋友不容錯過。

---

🩷 INFO
................................................

☆ 台中市西屯區惠來路二段 236-1 號

🕐 9:00 ～ 21:00

🚌 從台中市政府捷運站 2 號出口台灣大道搭乘優化公車
　　300 ～ 308 號往海線方向，於新光三越／大遠百下車步
　　行約 5 分鐘（在台中國家歌劇院斜對面）

地圖　　官網

# 惠來遺址  史前繩紋時代遺址公園

台中老虎城旁有一個較少為人知的考古文化遺址，座落在台中七期精華地段，台中新市政重劃區內，隸屬惠來里，因此命名為惠來遺址。

這塊地原來是衣蝶百貨建案，興建同時發現惠來遺址。根據台中科博館學者專家考證，惠來遺址跨越不同文化層，從距今 3600 年前的牛罵頭文化層，接續到營埔文化層、番仔園文化層及 100 多年前清朝的漢人文化層，對台中來說是重大考古發現。

遺址被發掘出來後面臨了存廢問題，畢竟遺址現場地價在當時是寸土寸金，還好在教育界及文化界等多方人士的奔走下得以保存，規劃為公園用地，讓市民有一處增長知識的好去處，台中市成了名符其實的文化城。不過其實惠來遺址的面積比現在地上物見到的還要廣，至今都尚未大規模的挖掘。

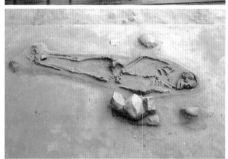

## INFO

☆ 台中市西屯區河南路及市政路口（老虎城旁）

⊙ 全天開放

🚌 從台中市政府捷運站 1 號出口，搭乘 153 號公車往台中高鐵方向，於市政／黎明路口下車步行約 2 分鐘

地圖　　　官網

1　1. 惠來遺趾公園外觀
2　2. 惠來遺趾公園考古現場
3　3. 墓葬近觀
4　4. 小孩復原圖

94

| 1 | 2 |
|---|---|
| 3 | 4 | 5 |

1. 室外陽台可以看外面豪宅 2. 現泡茶葉 3. 內部座位區
4. 內部陳設 5. 小熊珍珠鮮奶茶

 **KOI PLUS**  五十嵐關係企業早午餐

KOI PLUS 位於台中七期豪宅區，鄰近吳寶春麵包店及蔦屋書店，屬於五十嵐中區關係企業，為一家兼具早、午餐及下午茶的餐廳。

一樓為五十嵐茶飲店，可以點杯飲料在這裡小歇一下，二樓就是餐廳，提供歐陸式的創意料理，茶及咖啡都是手沖式的，用以區隔一般飲料店的模式。KOI 集團為台灣中區 50 嵐的關係企業，旗下有 KOI Thé、KOI Thé Express、KOI PLUS、TOTOI TOAST 貴吐司、FIFTYLAN 等系列品牌。其創立的初衷只是因為到世界各地旅遊時，想念家鄉的茶，總會帶著茶葉出遊而發起的構想。

如今，這個品牌已遍布在包含日本、中國、美國、印尼、新加坡、泰國等多個國家，全世界共有五百間以上的店，可說是正港的台灣茶飲之光。

---

🔵 INFO

☆ 台中市西屯區市政北二路 50 號

🕐 10:00 ～ 21:00

🚍 台中捷運市政府站 1 號出口，搭乘 152 公車於台中市議會
下車，步行約 6 分鐘、iBike 約 5 分鐘

地圖　　　官網

## TSUTAYA BOOKSTORE 蔦屋書店 　全球最美的書店之一

　　蔦屋書店被喻為是全球最美的書店之一,最膾炙人口是書店整體氣氛的營造,裝潢具有一定水準,店內設有餐廳,書香、咖啡香匯聚一處。

　　蔦屋書店裡設有座位區,書籍的陳設也別出新裁,生活雜貨和日本同步,大量日本書籍讓人彷彿置身在日本。

## INFO

☆ 台中市西屯區市政北二路 18 之 1 號 2、3 樓

⊙ 11:00 ～ 22:00

🚌 從台中市政府捷運站 1 號出口,在文心第二市政大樓站搭乘 152 號公車,於台中市議會下車步行約 5 分鐘、iBike 約 5 分鐘

地圖　　　FB

路線圖

● 台中市政府捷運站（出口 2）

 25min

● 玉門路口 iBike 站（台灣大道／玉門路口）

 12 min

● 東海大學

 9 min

● 東海別墅商圈

 5 min

● 東海藝術街

★ 東海藝術街商圈

iBike台灣大道玉門路口

★ 東海別墅商圈
★ 東海大學

台中市政府站

 東海大學 路思義教堂拍照喝牛奶

　　東海大學校園廣闊，佔地約 135 公頃，是台灣私立校園最大者。校區內風景優美，到處綠蔭青蔥，相思林、路思義教堂、東海湖及東海牧場，皆是校內著名景點，女鬼橋、古堡隧道、夢谷及啼明鳥傳說，則為這座校園增添神祕色彩。

● INFO

☆ 台中市西屯區台灣大道四段 1727 號

🕐 9:00 ～ 17:00

🚌 從台中市政府捷運站 2 號出口，搭乘台灣大道優化公車 300 ～ 308 號往海線方向，於東海大學／台中榮總下車；或於玉門路口下車騎 iBike 約 12 分鐘

地圖

官網

## 路思義教堂：世界級地標

路思義教堂於 1963 年竣工，由知名建築師貝聿銘所設計，其設計的概念來自於雙手合十的雙掌，讓這座原屬基督教的教堂融入在地文化，成為台中，甚至是台灣的知名地標。

如果要在十秒內說出台灣三座教堂，毫無疑問一定會有東海路思義教堂，顯示它無可取代的地位。這座教堂見證著東海人的青春，很多人在這裡談戀愛、結婚，也包括穿上學士服。

每年 5 月路思義教堂旁鳳凰花會開滿一整個天空的紅璨，同時東海大學約農路二旁的鳳凰花也會怒放，不少學子在此刻留下紀念，是所有東海人共同的回憶。

## 東海湖：女鬼橋發生地

東海湖佔地約一公頃，鄰近東海牧場，湖上建有一座「東美亭」，紀念現代哲學大家方東美先生。湖的四周種植榕樹及花草，湖內有水蛙及烏龜，傍晚會有師生在這附近運動、慢跑，湖光山色，景色優美。

### 東海牧場：餵小牛、喝牛奶

　　位於東海湖附近的荷蘭乳牛養殖場，很值得造訪，這座歷史悠久的養殖場佔地約 50 公頃，為全國最大的學術型牧場。牧場內有一望無際的牧草區，青草的香味伴著夏日微風，令不少人嚮往。

　　東海牧場自己生產牛乳，也和民間學術交流合作，在全台各地都有銷售據點。既然來到乳牛產區，當然要品嚐一下純正的牛奶、鮮乳冰淇淋，還有優酪乳等產品。

東海別墅商圈位於東海大學西側，可由校園直接前往，整個商圈的發展已有 50 多年歷史。校園鄰近的美食區特色就是價格實惠，份量大，例如烙餅、東山鴨頭、鹽水雞、福州包、黑肉圓、滷味、拉麵等各式各樣的小吃，樂丘廚房頗受好評，另外台中知名的「那個鍋」創始總店也位於此。

## 東海蓮心冰雞爪凍：東海經典

早期這家店並不是以雞爪凍起家，而是販賣和一中豐仁冰口味類似的冰品。由於當時的豐仁冰已遠近馳名，蓮心冰裡頭有加入花豆，原意取名為花豆冰，而又因花豆冰的橫寫會變成冰豆花，於是就以彎豆來命名。不過後來彎豆冰被拿去註冊商標，於是就更名為蓮心冰至今。

東海蓮心冰

雞爪凍

## INFO

☆ 台中市龍井區新興路 1 巷 1 號

⊙ 10:00 ～ 23:00

🚌 從台中市政府捷運站 2 號出口，搭乘台灣大道優化公車 300 ～ 308 號往海線方向，於東海別墅下車步行約 3 分鐘

地圖

官網

1　2　1.2. 樂丘外觀與內部
3　4　3.4. 豐盛的早午餐

## 樂丘：像藝術品的早午餐

樂丘必點
舒芙蕾

　　樂丘是台中頗受好評的早午餐店，調性比較偏向地中海式，餐點種類非常豐富，排餐、漢堡、薄餅、鬆餅、燉飯，重視擺盤，端出來的餐點都像精心製作的藝術品。

　　他們的舒芙蕾也是人氣餐點，每道餐點端出來都讓人驚嘆連連，太美了！珍珠奶茶及黑糖珍奶布丁很受歡迎，玫瑰仙子及檸檬玫瑰有很多擁護者，還有一中店限定的水信玄餅，每道都散發著仙氣。

---

📍 INFO

☆ 台中市龍井區台灣大道五段 3 巷 62 弄 13 號

🕐 11:00 ～ 21:00

🚌 從台中市政府捷運站 2 號出口，搭乘台灣大道優化公車 300 ～
　 308 號往海線方向，於東海別墅下車步行約 3 分鐘

地圖

官網

龍門客棧仙草凍芋圓：大碗滿意

　　來東海一定不能錯過仙草凍，這家店也是東海人共同的回憶，三五好友在這裡聊天、看星座解籤，好不愜意。

　　龍門客棧原是一家客家小炒，仙草凍芋圓是餐後甜點，但甜點取得壓倒性好評，配角成了主角。他們的芋頭來自大甲，蕃薯則是大肚山，仙草源至關西，真材實料，值得推薦。

配料豐富的龍門凍圓

🔘 INFO

☆ 台中市龍井區新興路 1 巷 19 號

🕙 10:00 ～ 23:00

🚌 從台中市政府捷運站 2 號出口，搭乘台灣大道優化公車 300 ～
　　308 號往海線方向，於東海別墅下車步行約 3 分鐘

## 東海藝術街商圈　古董店、生活雜貨店、春水堂都在這

　　東海藝術街商圈是以藝術為主要氛圍的商圈，訴求比較偏向都會的型態，有為數眾多的古董藝品店、西餐廳等，春水堂、古典玫瑰園創始店原址也位於此，不過目前已歇業。

1　2　1. 東海藝術街巷弄 2. 位於東海藝術街的古早柑仔店

## 路線 9　國際級科博館×台灣最美傳統市場巡禮

- 台中市政府捷運站（出口 2）
  - 🚌 15min
- 科博館站
  - 🚶 1 min
- 第六市場
  - 🚶 6 min
- 國立自然科學博物館
  - 🚶 2 min
- iBike 國立自然科學博物館站
  （健行路／忠太西路口）
  - 🚴 3 min
- 阿裕壽司

阿裕壽司 ★

國立自然科學博物館植物園 ★

★ 國立自然科學博物館

iBike國立自然科學博物館站

★ 第六市場

🚌 台中科博館站

---

## 👤 第六市場　全台最美的傳統市場

空間相當寬敞整潔

　　台中市五座傳統市場外非典型的一座，開在百貨商場裡的傳統菜市場，取名為「第六市場」。這座傳統市場裡聚集了超過 70 家經過文創改造後的傳統攤位，內部整潔明亮，有冷氣，不用擔心刮風下雨，也沒有傳統市場地面濕滑的問題，很像貴婦逛的菜市場。

第六市場商品多元，新鮮肉品、生鮮海產、蔬菜水果、五穀雜糧、熟食、小吃店、生活雜貨等都有；也可以在市場內購足物產後，有些店家能馬上烹調，酌收處理費。

1 2
3 4
5

1. 第六市場有全台最美的傳統市場美喻 2.3.4. 攤位設計很有文創風格 5. 第六市場外面的裝置藝術

📍 INFO

☆ 台中市西區健行路 1049 號 3 樓

🕙 10:00 ～ 21:00。週一休

🚌 從台中市政府捷運站 2 號出口，搭乘台灣大道優化公車
300 ～ 308 號往台中車站方向，於科博館下車即達

地圖

官網

## 國立自然科學博物館 一座國際級的博物館

台中自然科學博物館是大家小時候的回憶，時值今日，依然有為數不少的學生在此課後教學，是台灣人潮第二多的博物館。

科博館佔地廣大，可以一路從勤美誠品綠園道散步過來，園區除了主體建築，還有戶外綠地及恐龍造景等景觀。整個科博館大致分為太空劇場、科學中心、生命科學廳、人類文化廳及地球環境廳等，涵蓋的教育範圍相當廣泛。

1
2
3

1. 科博館外觀 2. 最新的埃及館木乃伊展示 3. 恐龍館最受小朋友歡迎

## 太空劇場：夜空星星好美麗

太空劇場可稱為全台最早的巨幕及 IMAX 影廳了，只不過播放的內容大多是大自然主題。劇場約有 300 多個座位，直徑高達 23 公尺，半球型設計，觀影相當有臨場感。通常一開始會有全天域的星象模擬，給你整個夜晚的天空，專人解說後就是大螢幕的影片播放，身臨其境，小心會在這裡暈車。除了太空劇場，還有立體劇場、環境劇場、鳥瞰劇場、SOS 劇場，都值得等待及入場。

太空劇場的球型螢幕

## 國立自然科學博物館植物園：巨大的溫室花園

位於科博館停車場旁的植物園，總讓人有進入科幻電影場景的感覺，巨大的玻璃帷幕造型，彷彿走進太空工作站。

這裡主要展示熱帶雨林溫室，包含台灣及蘭嶼等多個主題所組成的溫室，另外還有最近很夯的多肉植物及亞馬遜河河魚展示。

---

### ● INFO

☆ 台中市北區館前路 1 號

◎ 9:00 ～ 17:00。週一休

⑤ 展示場、太空劇場 100 元

🚌 從台中市政府捷運站 2 號出口，搭乘台灣大道優化公車 300 ～ 308 號往台中車站方向，於科博館下車步行約 6 分鐘

地圖

官網

 **阿裕壽司**  平價壽司

　　阿裕壽司主打銅板外帶壽司，用海苔捲起壽司米然後切片。招牌大花、干貝、魚子、綜合等各式壽司盒，價格 40 元起跳，可以在店內享用，提供熱茶不收服務費，佛系日本料理店。

　　店內也有高檔食材，像是切很厚的生魚片、握壽司，食材份量都讓人滿意，CP 值高，在地人才知道的美味。

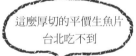

這麼厚切的平價生魚片台北吃不到

握壽司

---

🎈 INFO

☆ 台中市北區西屯路一段 361 號

🕙 10:00 ～ 20:00。週一休

🚌 從台中市政府捷運站 2 號出口，搭乘台灣大道優化公車 300 ～ 308 號往台中車站方向，於科博館下車步行約 10 分鐘

地圖　　　FB

# 文心櫻花站
## Wenxin Yinghua Station

文心櫻花站地理位置相當優越，鄰近 7 期新市政特區、逢甲夜市、水湳智慧城，站體為共構結構，規模為地上 19 層、地下 6 層。

逢甲夜市每年約有千萬人次的造訪規模，本站以逢甲夜市的入口意象自居，未來在接駁及站體設計方面將會有更多的周邊連結。

捷運文心櫻花站出口就有 iBike 站

## 路線 10　全台最好逛的逢甲夜市

路線圖

● 文心櫻花站（櫻花路單一出口）

🚶 1 min

● iBike 捷運文心櫻花站

🚲 8 min

● 逢甲夜市

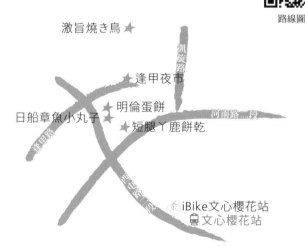

激旨燒き鳥 ★

★ 逢甲夜市

日船章魚小丸子 ★　★ 明倫蛋餅

★ 短腿ㄚ鹿餅乾

凱旋路

河南路二段

逢甲路

西屯路二段

iBike文心櫻花站
文心櫻花站

文華路入口是逢甲大地標

 **逢甲夜市** 台中最知名的國際觀光夜市

　　逢甲夜市是一座國際級觀光夜市，位於逢甲大學側門，客群以年輕族群為主，在各項台灣夜市評比人氣、好逛度、網路溫度等各項都名列前茅。販售商品除了時下年輕人最愛的衣飾、運動用品、3C等，再來就是讓人目不暇給的各類小吃，這裡也是很多台灣知名夜市小吃的發源地，走一趟逢甲夜市，感受活絡的台灣熱情。

激旨燒き鳥：吃串燒、喝啤酒

　　位於逢甲的這家日式露天燒烤串燒是創始總店，和一般時下夜市烤肉攤不一樣，有專屬座位，現場有 Live Band 表演，提供啤酒及飲料等，是逢甲最有人氣的攤位之一。

　　露天座位區的規劃為日式居酒屋風格，串燒及串炸明碼標價，點好後再由店家代為燒烤料理。上桌的串燒會再經過擺盤，走精緻路線，營業至凌晨，是夜貓子的好去處。

| 1 | | 1.2. 激旨燒き鳥露天雅座 |
|---|---|---|
| 2 | 3 | 3. 串燒種類繁多 |

---

🔵 INFO

☆ 台中市西屯區文華路 150 巷 18 號

🕐 每天 17:00 ～ 00:00

🚌 從捷運文心櫻花站單一出口，搭乘33號公車往文修停車場，
　 於福星／西安街口下車步行約 4 分鐘

地圖

FB

## 日船章魚小丸子：全台創始總店

　　日船所在的地方是逢甲金店面，年營業額高達億元新台幣，和赤鬼及繼光香香雞的巨型招牌是目前逢甲的大地標。

　　營業時間內 12 個烤盤不停運作，麵漿注入，然後內置章魚腳，起鍋後再根據顧客要求刷上醬料，灑上美奶滋及生魚片，再灑上芥末或海苔粉，在逢甲是人手一盒。

　　逢甲章魚小丸子旁有另一家紅髮斑斑，是短腿丫鹿餅乾同家關係企業，主要賣巧克力及原味蝴蝶酥，也相當好吃。

1
2

1.2. 日船章魚小丸子

紅髮斑斑巧克力及原味蝴蝶酥

🎈 INFO

☆ 台中市南屯區大觀路 21 號

⊘ 12:00 ～ 19:00（週日休）

🚌 捷運文心公園站下車，I-BIKE 約 2 分鐘，走路約 8 分鐘

地圖

FB

## 明倫蛋餅：小攤車成大企業

　　明倫蛋餅創始於 1978 年，原來只是員林明倫國中旁空地一攤三輪車的流動攤販，其主要特色是餅皮夾著蛋香及濃濃蔥香，口感很 Q 軟，雖然簡單，卻是很多人懷念的好味道。

　　第二代比較有生意頭腦，將店精緻化後開在逢甲夜市，一舉成為逢甲排隊美食。

🎈 INFO

☆ 台中市西屯區福星路 546 號　　　⊘ 15:00 ～ 01:30

🚌 從捷運文心櫻花站單一出口，搭乘 33 號公車往文修停車場，於福星停車場（逢甲夜市）下車步行約 1 分鐘

## 短腿ㄚ鹿餅乾：總統也愛買的零食

以前到香港總要買小熊曲奇餅乾，現在到台中也要嚐短腿ㄚ鹿餅乾。這家店賣的是曲奇餅，營業時間一到，店外總是大排長龍，總統蔡英文也曾來排隊買過，主要是店內只能容納 5 ～ 6 名客人，餅乾都是新鮮現做出爐，餅乾出爐還要等扇涼才能裝盒，裝盒也是現點現裝，費時費工。

短腿ㄚ鹿餅乾共有三家店，逢甲店專售巧克力口味，大墩店是奶酥，漢口店只賣起司及抹茶口味。口味專賣是因為餅乾機器要清洗的問題，同一台機器不同口味要清洗才能再製，比較費時，所以喜歡哪種口味只能到那家的專賣店購買。

---

### 🔘 INFO

☆ 台中市西屯區福星路 597 號

⊗ 16:00 ～ 23:00（每家店營業時間不同）

🚌 從捷運文心櫻花站單一出口，搭乘33號公車往文修停車場，
於福星停車場（逢甲夜市）下車步行約 1 分鐘

地圖

FB

# (106) 文心崇德站
## Wenxin Chongde Station

　　台中捷運在設計之時就以輕、簡,透過車站造型設計的原則,舊社站至市政府站則以流動交織城市綠洲為發想,結合「鷺」、「織」、「光」、「疊」、「川」、「笙」、「翔」、「薔」為設計概念。

　　崇德文心站為「疊」,外觀為木質調的設計,本站鄰近北平路,是美食天堂,也是中部成衣批發最大的集散地。

出口
崇德路二段

捷運文心崇德站附近餐廳林立

 路線⑪ 吃在北平、穿在天津、玩在洲際棒球場

路線圖

● 文心崇德站
　🚶 1 min
● iBike 捷運文心崇德站(文心/崇德路口)
　🚲 1 min
● 北平路小吃
　🚲 2 min
● 北平路黃昏市場
　🚲 4 min
● 天津路服飾街(山西公園)
　🚲 12 min
● 台灣民俗文物館
　🚲 12 min
● 台中洲際棒球場

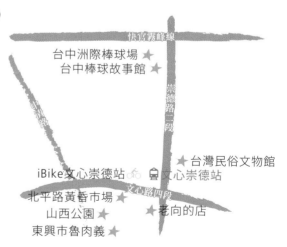

快官霧峰線

台中洲際棒球場 ★
台中棒球故事館 ★

崇德路二段

台灣民俗文物館 ★

iBike文心崇德站 🚲 🚇 文心崇德站

北平路黃昏市場 ★
山西公園 ★
東興市魯肉義 ★

文心路四段

★ 老向的店

## 北平路小吃街　美食小吃匯聚一條街

　　台中有一句「吃在北平、穿在天津」的稱號，來天津路批發成衣的朋友可以就近到北平路享受美食，有人潮八方美食也跟著聚集，有別於公益路多是超大型及高檔餐廳，北平路是比較接近日常生活美食。

### 東興市魯肉公司：吃到碗底朝天的爌肉飯

爌肉

　　東興市也算在北平路商圈，喜歡富含膠質爌肉的朋友 不能錯過的店家，營業時間從中午開市到凌晨幾乎座無虛席，爌肉、豬腳及滷肉飯是三大人氣商品。因為量大，所以都是用超大臉盆盛裝，可以選擇瘦肉多或肥肉多，搭配他們自製的辣椒蔭豉及酸菜可說是絕配。

豬腳

　　夏季這裡也供應台中特有的蒻苜湯，小資族可以點爌肉便當，有肉、有飯、有菜，點便當也可以內用，隱藏版的點餐法。

讓人垂涎三尺的爌肉

---

 INFO

☆ 台中市北區漢口路四段 88 號

⊘ 11:00 ～ 5:00。週日休

🚌 從捷運文心崇德站單一出口，騎乘 iBike 約 5 分鐘

地圖

FB

## 老向的店：麵食天堂

北平路上的人氣麵店，招牌清蒸鴨腿麵開店後就即將秒殺，麵食種類繁多，清蒸牛肉麵、杭式酸辣麵、泰式海鮮麵、蚌麵，份量都不小，他們的小菜及滷味都擁有超高人氣。

招牌鴨腿　老向的店

### 📍 INFO

☆ 台中市北屯區北平路三段 173 號

🕐 10:30 ～ 22:00

🚌 從捷運文心崇德站單一出口，往北平路方向步行約 3 分鐘

地圖　　　FB

## 北平路黃昏市場：有人情味的市場

　　下午 3 點後黃昏市場就開始人聲鼎沸，著名攤位「山東蔥花千層大餅」及「朝日鵝」陸續湧現人潮。

　　山東蔥花千層大餅是山東大媽開的攤位，採用台灣著名三星蔥以蒸及煎的方式製作，皮酥麵 Q 口味層次堆疊，帶有芝麻及胡椒辛辣感。

　　朝日鵝雖是供應即食鵝肉，這家秒殺商品卻是港式燒臘三寶。如果喜歡吃鵝，推薦台中另一家位於中區大誠街 58 號的「黃記鵝肉」，來台中旅遊將美食帶回旅店享用，光想就開心。

1　1. 山東蔥花千層大餅
2　2. 鵝肉攤也很有名

🔵 INFO

☆ 台中市北區北平路二段 165 號

🕐 15:00 ～ 20:00

🚍 從捷運文心崇德站單一出口騎乘 iBike 約 3 分鐘

**天津路服飾街** 台中的東大門

　說到成衣批發市場直覺會想到韓國「東大門」及台北「五分埔」，中部最大的成衣批發市場則在台中天津路。

　天津路精華區約 680 公尺，集結了 300 多家成衣批發商店，貨源來自日、韓、港、中及東南亞，產品從成衣、配件、鞋包到展示櫃皆有，都是商家整貨櫃無時差進到這裡販售。每週一及二為批發日，來自中部各縣市的店家會湧入這裡批貨，價廉物美。

　成衣市場汰換快速，2～3 個星期沒賣出去的商品就會有促銷活動，常有不同的驚喜。商圈夏季及過年都會舉辦活動，屆時幾十萬件商品聯合特賣，總讓人有入寶山的雀躍感。捷運開通後到此更是方便，帶個幾袋時尚的衣服回去送朋友，也是非常體面大方。

1　1. 天津服飾街入口意象 2. 天津路服飾街、童裝街
2　3
　4　3.4. 成衣批發一疊一疊賣

**INFO**

☆ 台中市北區天津路二段

⏰ 週一～六 10:00～22:00、週日 11:00～20:00

🚌 從捷運文心中清站單一出口，搭乘33號公車往高鐵台中站，於天津路商圈下車騎 iBike 約 4 分鐘

　地圖　　　官網

# 台灣民俗文物館　體驗早期民居生活

台灣民俗文物館是一座仿古閩南式建築四合院落，位在櫛比鱗次高樓間，走進這裡彷彿踏入古老時光，是暫離都市塵囂的好地方。

主建築四合院目前為展覽館，展示台灣早期民居生活用品，包含房間、客廳、廚房等陳設，讓人發思古之幽情，西側則有一座大戲台及二層樓的院落。這裡假日會舉辦動態活動，主辦單位會邀請一些民俗活動表演，配合傳統美食及童玩遊戲等。

這裡還有一項非常受歡迎的小朋友抓周活動，每月舉辦一次，可由網上報名。

1
2
3　4

1. 民俗文物館外觀
2. 早期的民居陳設
3. 庭院造景
4. 瑞三煤礦火車頭展示

**INFO**

☆ 台中市北屯區旅順路二段 73 號

⏲ 9:00 ～ 17:00。週一休

🚌 從捷運文心崇德站單一出口步行約 6 分鐘、騎乘 iBike 約 2 分鐘

地圖

FB

**台中洲際棒球場** 國際級的棒球賽事都在這裡

　　經過崇德及環中路口都會看到一顆巨型的棒球建築，以及一座紅色鋼骨半露天式的球場，這座球場即是洲際棒球場，於 2006 年開始營運，整體建設耗資近十億新台幣，是台中舉辦國際賽事最大型的棒球場。

　　目前是中信兄弟主場，多功能運動中心則為 PLG 福爾摩沙台新夢想家的主場。舉凡重要比賽及演唱會都是座無虛席，想感受那種熱血看比賽，大家搖旗吶喊的暢快感覺，和朋友來此準沒錯。

　　除了做為正式比賽場地，洲際棒球場致力於開發周邊設施成為一個文創園區，在沒有比賽的日子也能吸納更多的遊客造訪，像棒球造型的場館目前為婚宴及展覽會場，之後會有餐飲及電影院進駐。

1　　1. 場館內部 2. 巨型的棒球建築
2　3　3. 球型建築旁的露天結婚教堂

🟣 INFO

☆ 台中市北屯區崇德路三段 835 號

⊘ 9:00 ～ 18:00。週六～日休

🚌 捷運文心崇德站單一出口，搭乘 12 號公車往豐原高中方向，
於洲際棒球場下車騎乘 iBike 約 13 分鐘

地圖　　　官網

# 四維國小站
## Sihwei Elementary School Station

　　捷運綠線四維國小站鄰近三條主要幹道交匯、生活機能強,和文心崇德只有一站之遙,房價卻相對合宜,吸引不少人在此置產。

　　四維國小周邊擁有多處公園綠地及古蹟,商辦、銀行、餐廳店家眾多,特力屋、大買家及黃昏市場皆於此,另東山路往大坑原來是地下道,填平後也吸引眾多商家投資及開店,可說是後勢看漲的區域。

出口
四維國小

捷運四維國小站出站右轉即是 iBike 站

---

 **超靈驗財神廟×老建築體驗舊時眷村生活**

路線圖

四維國小站
　🚶 5 min
廣天宮財神廟
　🚶 4 min
iBike 北屯兒童公園站
（興安路一段／北平路四段口）
　🚴 2 min

積善樓　　　　　台鐵捷運太原站
　🚴 2 min　　　　🚴 1 min
一德洋樓　　　　iBike 三光太原路口站
　🚴 4 min　　　　🚴 3 min
台中市眷村文物館　方正谷餐廳
　🚶 0.5min

廣天宮財神廟 ★
捷運四維國小站 🚇　　文心路四段
　　　　　　　　　🚇 iBike北屯兒童公園站
積善樓 ★
　　　　　　　　　北屯路
一德洋樓 ★
太原路二段
　　　　　　　　　　　　🚉 台鐵捷運
iBike三光太原路口站　　　太原站
進化北路
　　　　　★ 台中市眷村文物館
　　　　　★ 方正谷餐廳

# 廣天宮財神廟　世界第一尊財神爺金身在此

台中最富盛名的財神廟要屬位於捷運四維國小站的廣天宮，這裡供奉一尊從四川移靈過來的武財神趙公明本尊，距今已有一千四百餘年歷史，為全世界第一尊財神爺金身，又被稱為開基天尊。

進廟可以請購補運、補財庫金及一盒雞蛋，正殿佛龕下有虎爺，據說祂喜歡吃雞蛋。雞蛋拜拜完後可以帶回家，也可放在現場，廟方會將蛋滷成發財蛋供信徒取用，亦可向神明請示擲筊後，到櫃檯請領 168 錢幣的轉運錦囊。

每年農曆三月十五日是武財神趙公明的聖誕，這天早上七點起來自各地的信徒，就絡繹不絕的從各地湧入，更甚者還有從台北包車下來求財的信徒，也難怪這天財神廟會被擠爆，因為君子愛財，不分行業，有求者得以增加財運。

1　2　1.2. 廣天宮外觀 3. 法會期間內部陳設相當華麗
3　4　4. 法會期間神壇外觀

聖誕法會期間，廟口前大排長龍，信徒正等待過財門，而廟前則擺滿了供奉給五路財神的金紙，一籠一籠的像極了一座一座的山，顯示其無可比擬的財神廟地位。另外正殿前方及左側都有大型銅鑄金元寶供信徒求財氣，大致程序是投入金錢，然後由外往內將財氣放入自己的口袋裡，心誠則靈，只要有求就會有得，來台中求財、補運就來廣天宮。

1　2
3　4

1. 世界第一尊財神爺金身 2. 財神開基祖廟的千年黑虎將軍 3. 錦囊裡有 12 枚硬幣共 168，合地支之數象徵一路發 4. 廣天宮求財三寶

📍 INFO

☆ 台中市北屯區遼陽五街 131 號

🕐 8:00 ～ 22:00

🚌 從捷運四維國小站單一出口步行約 5 分鐘

地圖

官網

# 積善樓　屋脊裝飾優美的古蹟

積善樓位於北屯公園西側，是一座歷史牌樓，原是賴氏家族的大門入口，創建於明治31年（1898年），目前為市定古蹟。

民國68年這棟古宅在土地重劃中被拆毀，原地為公園預定地，幸有當時仕紳奔走陳情才得以保留。牌樓相當精美，可見當時宅院氣勢，如今已不復存在。積善樓在當時耗費巨資請來唐山師傅修建，其格局為三間式再建一層「太子樓」，用料及工法相當講究，木料採用福州杉木，正面建築以「清水磚」磚砌，屋頂為歇山翹脊頂，整體精美絕倫。門樓各個裝飾皆有喻意，例如屋頂上有面鏡子，是為驅邪之用；翹脊下方有「金錢紋」，寓意「財源廣進」值得玩味。

另外，院落裡還有五株榕樹，最高樹齡達百年以上，除了欣賞舊建築之美，也可發思古之幽情。

---

🔘 INFO

☆ 台中市北屯區興安路一段163號

⊙ 全天開放

🚌 從捷運四維國小站單一出口步行約4分鐘

地圖

官網

## ⌂ 台中市眷村文物館　體驗民國初年眷村生活

　　台中市眷村文物館前身是北屯新村，為 1949 至 1950 年國民政府遷台後在台中蓋的第一批眷村。該眷村主要提供給空軍校級以上的官階居住，格局約為二房一廳一衛，坪數大約在 24 至 28 坪之間，後有走道，前有圍籬，戶戶相連。

　　台中市眷村文物館目前保存四棟完整建築結構及其附屬設施，狀況良好，曾居住過不少名人，例如：浮雲白日及杜甫傳的小說家孟瑤、美麗島事件的軍法官劉龍飛、中興大學數學權威林志平等，都曾在這裡生活。

　　以前老眷村所遺留下來的文物，諸如使用的碗盤、電話、家具及唱片等文物，在現場都有精彩展示。整修過的空間有早期柑仔店、飛冰菓室、理髮廳，還有一間較大型的方正谷餐廳，提供桌菜合菜等料理，主要菜色有菜脯蛋、薑絲大腸、椒麻牛肚，另有豬、鴨、魚、蝦等料理，豐富多樣，是好友聚餐的好選擇。

1　2
3　4

1. 台中市眷村文物館外觀
2. 早期文物展示 3. 方正谷餐廳 4. 古早味柑仔店

一德洋樓　台中糕餅大亨的舊豪宅

一德洋樓現在稱為林懋陽故居，建立於1920年，這座西洋式的樓房隱藏在北屯區，鄰近大樓環繞，當初修建可是非常風光。

林懋陽是林振芳的孫子，一開始興建這棟房子是為了迎娶北屯另一望族賴氏家族。林振芳家族當時在台中可是一等一的望族，他們因為協助清廷平定戴潮春事件而發跡，在最盛時建造了目前被列為三級古蹟的「大夫第」社口林宅。而林振芳就是社口崑派餅店的創辦人，也是太陽餅最正宗的發源地。

這也是為何一德洋樓左側的小姨樓門前有一個糕餅模，1950年代國民政府遷台後右側則改建為眷村，整體規模有了變動，還好在時代變遷的潮流中，主體建築及小姨樓還保存完整，為歷史留下最好的見證。

1
2
4　3

1. 一德洋樓入口處 2. 一德洋樓主建築
3. 國民政府遷台後，右側則改建為眷村
4. 一德洋樓小姨樓

📍 INFO

☆ 台中市北屯區文昌東十一街 14 巷 1 號

⊘ 9:00 ～ 17:00

🚌 從捷運四維國小站單一出口步行約 9 分鐘、騎乘 iBike 約 3 分鐘

地圖

官網

# 北屯總站
## Beitun Main Station

北屯總站站體設計概念為水岸田園風光，本區目前為重劃區，未來將規劃成新興商業區，此站的設計未來將成為一處都市綠洲。

目前離台中後花園最近的就是本站，將來有機會再往大坑延伸，屆時前往大坑將更便利。本區公園綠地佔地廣大，屬於低密度開發地區，因此有投資客認為這裡前景看好，房市相當熱絡。

捷運北屯總站出口即是 iBike 站

---

## 路線 13　台中後花園大坑：登山、泡溫泉、紙火鍋、吃芋圓

北屯總站

🚶 1 min

iBike 捷運北屯總站（敦富東街 100 號）

🚲 5 min

單元十二－萬坪公園

🚲 16 min

和平里 921 地震公園

🚲 4 min

紙箱王創意園區

🚲 14 min

日光溫泉會館

🚲 6 min

東東芋圓

路線圖

129

**單元十二－萬坪公園** 百年芒果米奇樹

台中市公園很多，但有一個 IG 打卡熱點，那就奇貨可居了。

單元十二位於北屯重劃區，是一座萬坪公園。這座公園有個亮點，一棵百年芒果樹被單獨種植在土丘上，天生就長的跟米老鼠一樣，因為外型超 Q 成了 IG 打卡熱點。此外，還有種植整排落羽松，冬天肯定也是人氣熱點，還有座青少年的籃球場及小朋友的遊戲場，是處多功能綜合無邊際公園。

1
2
3

1. 公園內的小型表演舞台
2. 百年芒果米奇樹 3. 落羽松大道

📍 INFO
.................................................
☆ 台中市北屯區旱溪舊道
🕐 全天開放
🚌 從捷運北屯總站 1 號出口騎乘 iBike 約 4 分鐘

130

#  和平里 921 地震公園 　透明景觀梯看地震斷層

921 地震當時的景象大家都記憶猶新，和平里 921 地震公園原址為軍功國小及東山國中舊址，位於車籠埔斷層帶上，921 地震發生時將這個區域整個震裂，邊坡也因此滑落，可說非常慘烈。

原址現在闢為地震公園，原來現場有展示當時震塌的主建築，但現已不復見，保留滑落邊坡及當時殘破的建物。上面有一座透明走道，走在當時滑落的邊坡上是這座地震公園的特色。

因為這裡是通往大坑 9、9-1 及 10 號步道的必經之路，道路二旁每天都有農夫市集，可以順道帶點農產回家，入口東山路上的老芋仔芋圓也是人氣名店。

1　2　1. 地震沒被震毀的大樹 2. 被地震震毀的籃球場 3. 透明滑坡走道 4. 從這裡前往大坑 9、9-1
3　4　5　及 10 號步道 5. 農夫市集

---

### 🎈 INFO

☆ 台中市北屯區東山路一段

⊙ 全天開放

🚌 捷運北屯總站 1 號出口，騎乘 iBike 約 16 分鐘；捷運舊社站搭乘 922 號公車往中台科技
　大學方向，於台電東山所下車步行約 3 分鐘

# 大坑紙箱王創意園區 紙火鍋、紙火車、紙桌椅

創始於 2009 年的紙箱王創意園區，前身是金唐紙品傳統產業，因應台灣觀光轉型及產業精緻化，而創立了紙箱王創意園區，是台灣第一座以紙為主題的親子園區。

紙箱王創意園區以紙為發想概念，園區裡各種雕塑，餐廳裡的桌椅、碗盤，紀念品區的玩具及燈具全部都是紙做的，就連園區裡可載人的火車也是紙做的。最令人驚奇的莫過於紙火鍋，超強的瓦斯火在紙鍋底下加熱，火鍋湯料滾燙而紙完全不會燃燒，是紙箱王招牌產品。

此外，園區裡多個鋼雕創作也很有看頭，有祕境探險的鏤空樓梯，有小朋友最愛的溜滑梯、磨菇屋及南瓜馬車，是親子遊玩好去處。

| 1 | 2 |
|---|---|
| 3 | 4 |

1. 大坑紙箱王的紙質裝置藝術 2. 園區內的紙火車
3. 鋼雕創作溜滑梯 4. 咖啡廳的桌椅也是紙做的

1　2　1. 餐廳用餐區
　　　2. 大坑紙箱王招牌紙火鍋

---

● INFO

☆ 台中市北屯區廊子路 651 巷 3 號

🕐 9:00 ～ 20:00

💲 成人和身高 100 公分以上的兒童 200 元；65 歲（含）以
上及有身心障礙手冊的人 100 元。門票均有 100 元的抵券
（全園區均可折抵使用，火車票除外）

地圖　　　官網

🚌 從捷運北屯總站 1 號出口，騎乘 iBike 約 17 分鐘；捷運舊社站搭乘 922 號公車往中台科
技大學方向，於大坑圓環下車步行約 2 分鐘

---

## 日光溫泉會館　大坑最優美人湯

日光溫泉會館外觀

　　台中市得天獨厚，在後山就可
以泡溫泉，交通便利且不用跋山
涉水，有別於台灣其他地區泉源
大多為自然湧泉，大坑的泉源是
經由人工地底鑽探而得。也因為
是人工開採，泉質穩定且有效成
份較高，又稱為酸氫鈉泉，PH 在
7 至 8 間，浸泡時皮膚表面會有
氣泡，具有天然按摩作用，且洗
後皮膚光滑，故有美人湯之稱。

大坑地區設備及管理最好的要屬日光溫泉會館，有大眾池、裸湯及湯屋等多種選擇，餐飲方面也頗有水準，是台中人假日放鬆身心的好地方。

| 1 | 2 |
| 3 | 4 |

1. 日光溫泉會館餐廳用餐區 2. 紀念品區
3. 個人湯屋 4. 大眾池

🎈 INFO

日光溫泉會館

☆ 台中市北屯區東山路二段光西巷 78 號

⏰ 9:00 ～ 22:00

🚌 從捷運北屯總站 1 號出口騎乘 iBike 約 30 分鐘；捷運四維國小站搭乘 21 號公車往中興嶺方向，於三貴城下車步行約 7 分鐘

地圖　　　官網

麒麟峰日式溫泉

☆ 台中市北屯區東山路二段 65 巷 15 號

⏰ 9:00 ～ 00:00

🚌 捷運北屯總站 1 號出口騎乘 iBike 約 24 分鐘；捷運四維國小站搭乘 21 號公車往中興嶺方向，於青山社區下車步行約 3 分鐘

地圖　　　官網

 **東東芋圓** 大坑必吃甜點

芋圓是台灣原創道地的點心，原創人住在瑞芳，芋圓流行也創於北部。東東芋圓創始人為東正勝先生，因為喜歡芋圓，因此選擇在大坑做芋圓販售，剛開始中部人對芋圓比較不熟，東東也經歷過一段低潮期。

現在的東東芋圓幾乎成了大坑名產，芋圓的作法是將芋頭刨絲，然後放在木桶裡蒸熟，最後再灑上粉成型及切成小塊。東東芋圓採用大甲品質較高的芋頭，大肚山的紅蕃薯及台灣原產的紅豆，因為講究天然食材，從以前到現在都只有八種配料。

東東芋圓基底雖是刨冰，但上桌時配料都是熱的，這樣能保有芋圓的新鮮度及 Q 度，食材簡單但作工卻很精實的平民小吃。

1  2

1. 芋圓可以買回家自己煮
2. 來大坑必嚐美味

---

**INFO**

☆ 台中市北屯區東山路二段 48-3 號

🕐 9:00 ～ 22:00

🚌 從捷運北屯總站 1 號出口騎乘 iBike 約 19 分鐘；捷運舊社站搭乘 922 號公車往中台科技大學方向，於大坑圓環下車步行約 3 分鐘

FB

# 樂遊紅線

戀戀舊城區，所有舊時光的美好年代都集中在這裡，台中舊稱大墩，原來竟是台中公園裡的土丘，公園百年湖心亭已經是台中最重要的標誌。

早期的中區因為台中駅成立熱鬧非凡，糕餅業就是在這個時期興起，位於車站前的沁園春曾是政商名流必訪之地，何等榮光，蜜豆冰、三種冰也是起源於此。榮光沒落人們並沒有遺忘，將頹廢的老屋重建，宮原眼科及第四信用合作社在重整後崛起，綠川整治變成了靜謐的慢旅公園。

舊城線還將介紹台灣十大民宅的摘星山莊，到豐原尋找糕餅的創始店，到廟東吃台灣最棒的小吃。

台鐵捷運豐原站 🚉

南東清水排骨麵店 🍜
蘭東清水 🍜

洪記蚵仔煎 🍜
豐原廟東夜市 🏮
菱角酥 🍜

豐原頂街派出所 🏛
雪花齋 🍰
金鈴派 🍰
豐原慈濟宮 ⛩

金樹冰果室 🍧
台鐵捷運栗林站 🚉

歷史建築頂街派出所 🏛

薔薇派 🍰

摘星山莊 📍

台鐵捷運潭子站 🚉

台鐵捷運家層站 🚉

北屯總站 📍

崑派餅店 🍰 犂記餅店

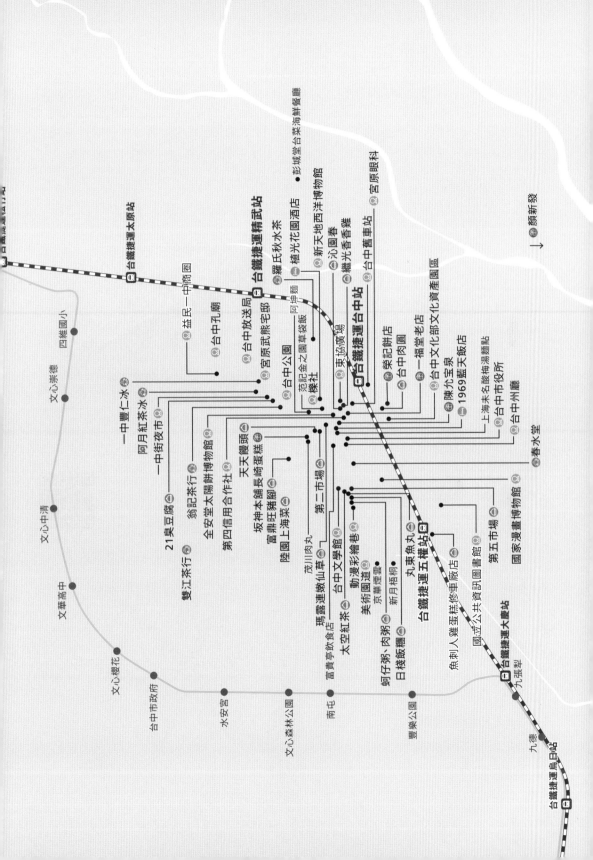

# (3310) 台鐵捷運五權站
## Wuquan Station

　　台鐵捷運指的是台鐵高架化工程，從豐原一直到文心南路中山醫學大學附設醫院，沿途經過豐原、栗林、潭子、頭家厝、松竹、太原、精武、台中、五權，以及大慶站。

　　台鐵捷運五權站鄰近國立公共資訊圖書館及中興大學，可說是它們的門戶，為了搭配具有人文及藝術氣息的景點，站體也做了彩繪及水墨意象，設計通透性佳，前衛感十足。

出口

台鐵捷運五權車站外觀像極了金屬的魚鰓

路線 14　異國房屋的伸展台×米其林必比登餐廳

路線圖

● 台鐵捷運五權車站

　🚶 1 min

● 魚刺人雞蛋糕修車廠

　🚶 1 min

● iBike 台鐵捷運五權車站
　（建國北路二段100巷／建國北路二段口）

　🚲 4 min

● 國立公共資訊圖書館

　🚲 13 min

● 美術園道

★ 美術園道

# 魚刺人雞蛋糕修車廠店 　到修車廠喝機油咖啡

因為看好台鐵捷運所帶來的人潮及方便性，台中著名的魚刺人雞蛋糕店團隊，選擇台鐵捷運五權車站旁的一處舊修車場，經過近半年的構思及努力，結合老闆的收藏、巧思，催生這家可以坐下來享用的雞蛋糕概念店。

由於原本就是汽車修配廠，因此場地還滿寬闊，結合台中流行的復古風，在場內展示老闆珍藏的偉士牌機車、汽車及公仔等，頗有走進電影「變形金剛」場景的感覺。

本店也結合台中知名今日蜜麻花，推出限定版的今日蜜麻花雞蛋糕，另外還有一款 T2 機油咖啡，創意結合商品，都讓人有耳目一新的興奮感。

|   | 2 |
|---|---|
| 1 | 3 |

1. 魚刺人雞蛋糕修車廠店內部用餐環境
2. 廠房內的偉士牌收藏 3. 廠房內的用餐區

---

### 📍 INFO

☆ 台中市南區建國南路二段 190 號

⊘ 每天 10:30 ～ 9:00

🚌 從台鐵捷運五權站出站右側即達

地圖　　　
FB

**國立公共資訊圖書館** 未來感十足的白色船艦式建築

建築界流行一句話，要欣賞國際級設計大師作品到台中準沒錯！從 2012 年開始，經過南區五權南路時，都會被這棟不規則的流線型白色建築物所吸引，圖書館佔地約 7000 坪，建築物背對城市大樓景觀，前方擁抱公園綠地，整體呈現 L 型，外觀流線造型不管在哪一個角度，都呈現不一樣的景觀。

一樓川堂也是不規則的動線，設計概念來自台中的水文空照圖，亦即閱讀城市紋理，以川動磐石及水的流動皮褶為主要意象，整體建築外觀讓人發揮想像力，你可說是千層派、戰艦，也可說是提拉米蘇或變型蟲。

本館共分五層，每層樓都用不同顏色區別，而且意象皆不同。一樓為群聚活動，純白的數位大廳中隱約顯現資訊流動的符號，進入服務區後即可看到提供動線引導的流線光帶。二樓聽視障中心以橘色為意象，提供雙視書、點字機電腦等，而且還有全國最多的影音媒體，這裡提供 2 人半開放包廂及 3 至 6 人的觀影包廂，常坐無虛席。五樓為漫步雲端，圓形天窗與明亮的天光，令人心曠神怡，純白的曲線家具與湛藍天空相呼應，塑造浮雲般的輕柔氛圍。

1　1. 國立公共資訊圖書館外型像軍艦一樣
2　2. 舒適的閱讀空間 3. 寬敞的圖書空間
3　4. 先進的自助還書箱
4

📍 **INFO**

☆ 台中市南區五權南路 100 號

🕐 9:00 ～ 21:00（週日至 17:00、週一休館）

🚌 從台鐵捷運五權站步行約 6 分鐘、iBike 約 4 分鐘

地圖　　官網

亞尼克菓子工坊甜點

# 美術園道 異國餐廳街 × 必比登餐廳

　　美術園道位於國立台灣美術館南段綠園道，介於五權西一街至五權西四街之間。這個區域有很多異國風情的獨立餐廳，每間外觀都各有特色，是 IG 打卡的好地方，就算不消費也很好拍。

　　這裡有很多不錯的餐廳及甜點店，像是老牌南瓜屋，在不同節日都會妝點的很有節慶味道。曾獲得米其林必比登推薦的新月梧桐及京華煙雲，餐廳的含星量很高；兔子洞甜點工作室，吸引很多少女前來；亞尼克菓子工房則有小朋友的 DIY 活動，很受歡迎。

1
2 3 4

1. 美術園道有很多異國餐廳 2. 京華煙雲餐廳
3. 老牌南瓜屋 4. 亞尼克親子廚房

---

📍 INFO

☆ 台中市五權西一街至西四街間

🕐 餐廳約 11:30 ～ 22:00

🚌 從台鐵捷運五權站步行約 15 分鐘、iBike 約 7 分鐘

　地圖　　官網

## (3300) 台鐵捷運台中站
### Taichung Station

　　台鐵台中站經過改造，已蛻變成台中驛鐵道文化園區，鐵道文化園區以台中新站及早期的舊車站為主要核心，結合歷史建築 20 號倉庫群、台中後火車站、行車寄宿等空間，成為一個龐大的展示空間。站前廣場則結合裝置藝術，成了年輕人喜歡打卡拍照的場所，搭配節慶常舉辦各種活動。

　　新成立的「鐵鹿大街」，共進駐近 40 個品牌，有美食小吃、伴手禮，分為二層樓，是台中新興的用餐及逛街場所，多家選物店的構思，也讓這裡成為文藝青年必訪的好地方。

台鐵台中新站為全台最大站體車站

台鐵台中站的裝置藝術

# 路線 15 台中舊城區宮原眼科、第四信用合作社飽食之旅

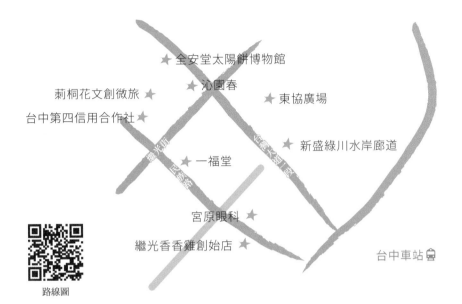

★ 全安堂太陽餅博物館

★ 沁園春

莿桐花文創微旅 ★ ★ 東協廣場

台中第四信用合作社 ★

★ 一福堂 ★ 新盛綠川水岸廊道

宮原眼科 ★

繼光香香雞創始店 ★ 台中車站 🚆

路線圖

- 台鐵捷運台中站
  🚶 2 min
- 台中舊車站
  🚶 1 min
- 鐵鹿大街
  🚶 3 min
- 綠空鐵道 1908
  🚶 5 min
- 東協廣場
  🚶 3 min
- 新盛綠川水岸廊道

- 沁園春 ( 米其林必比登餐廳 )
  🚶 1 min
- 全安堂太陽餅博物館
  🚶 2 min
- 第四信用合作社
  🚶 1 min
- 一福堂檸檬餅
  🚶 1 min
- 繼光香香雞創始店
  🚶 1 min
- 宮原眼科

🚶 1 min

**台中舊車站** 台灣最美的日治時期火車站

　　台中車站建於 1917 年日治時期，有百年歷史以上，目前列為國定古蹟，為台灣目前僅存最為華美的一座車站。主體為紅磚結構，屋頂為銅板瓦，和總統府都屬於辰野式建築風格。目前台中車站因為鐵路高架工程在旁建了另一座第三代車站，第二代舊車站成為歷史古蹟，未來將規劃為台中車站鐵道文化園區。

　　台中車站擁有很多第一，是全台第一座三代同堂的車站，新站挑高 12 層樓，是全台唯一開放式車站，也是全台主體建築最為宏偉的一座。現在的台中車站做為台鐵及各類客運的轉接站，每天還是擁有龐大客流量，一樓廣場增設一些公共建設，是 IG 打卡熱點。

台中舊車站為百年歷史國定古蹟

 INFO

☆ 台中市中區台灣大道一段 1 號

🚌 從台中車站前站廣場出口即達

地圖

官網

1
2 3
4 5

1. 鐵路大街外的舊火車改造為文創商店及餐廳 2. 舊車站大廳已改建為展覽場所 3. 火車文創商店內部 4. 鐵鹿大街內部 5. 鐵鹿大街外的文創市集

## 鐵鹿大街

因為鐵路高架化的關係，原台中舊車站已規劃為台中驛鐵道文化園區，包含原車站建築、舊鐵道、退役火車保留原來的樣貌，並活化空間，變成假日市集、展覽空間、生活博物館。舊火車車廂則變成文創用品商店及餐廳，可以說是舊建築轉型成功的最佳案例。

鐵鹿大街取鐵路的諧音，裡頭有多家餐廳、伴手禮店及便利商店，提供旅人更便利的服務。除了可坐下來休息，享受美味餐點，還可買伴手禮及逛逛外面的文創市集，假日人潮總是絡繹不絕。

## 綠空鐵道 1908

綠空鐵道原是台中縱貫鐵路的原址，鐵路高架化後，原址改建為空中綠色走廊。從舊車站延伸，長達 800 公尺，串連鄰近的糖廠、文化創意園區（舊酒廠）及國家漫畫博物館，是台灣第一座舊鐵道改建的空中綠色走道，也是唯一一座。

綠空鐵道保留完整的鐵軌，透過設計分佈不同主題，橋樑及石牆等舊跡都被完整的保留下來，並設有休憩區。除了可以空中鳥瞰城市景觀，還可漫步在舊鐵道上，整個鐵道也遍植綠色植物。這裡沒有車輛會經過，是散步的好地方，假日還會有各式各樣的文創及飲食攤位擺攤，充份展現出台中新、舊及不同時空交織的氛圍。

1. 解說廊道 2. 綠空鐵道市集 3. 現場規劃休憩座位區 4. 綠空鐵道鐵軌遺跡 5. 綠空鐵道上方即為新的高架鐵路 6. 原來牆體部份經過改造也細心保護

## 東協廣場　最夯東南亞零食全在這

1. 東協廣場一樓 2. 東協廣場超市 3. 東協廣場內有很多異國餐廳

　　東協廣場前身是台中第一市場，也是中生代熟悉的第一廣場。這裡原本是一座綜合商場，包括幸發亭等老店都在此發跡，早期流行日本穿搭文化，年輕人穿著都跟隨 NON-NO 雜誌，是青少年的流行聖地。

　　東協廣場成立國際移工生活照顧服務中心，另外東協四國駐台辦事處巡迴服務中心及行政院中區新創基地皆在此，因此成了外國移工的聚集地。現在的東協廣場儼然是聯合國，在這裡可以品嚐到東南亞道地的小吃，包含越南、馬來西亞、新加坡、泰國、印尼、菲律賓，甚至也可找到美國及韓國相關產品。

　　二樓有 CLC Mart 及 Big King Shopping Center 二家超市，舉凡東南亞國家熱門的日用品、食品及電動車等都能找到，另外還有國際快遞窗口，可說是相當方便。

### INFO

☆ 台中市中區綠川西街 135 號

⊘ 11:00 ～ 21:00、10:00 ～ 22:00（週日）

🚌 從台中車站前站廣場出口步行約 5 分鐘

地圖

官網

**韓國真露酒**

去韓國必喝的國民飲料,他們會把真露酒加入啤酒,這種混搭的風格最韓國風。

**印尼炒泡麵**

印尼炒泡麵曾被知名部落客評比為全球最好吃的泡麵之一,這個評比打敗了泡麵王國台灣,還有韓國,這麼厲害一定要買來泡一下。

**Pocky 限定口味**

到泰國一定要到超市採購的 Pocky 香蕉、芒果等國家限定口味,在這裡竟然也可以找到。

**G7 咖啡**

越南受歡迎的 G7 咖啡,這家超市也可買到,而且價格很合理。

**MADURASA 蜂蜜**

來自印尼知名品牌蜂蜜,到印尼必定人手一包的人氣商品,口感香醇。

**06**

**泰式茶**

泰式奶茶和台灣珍奶齊名，主要是茶葉加上煉奶及馬薩拉香料等，在這裡買原料，也可在台灣煮出一杯純正的泰奶。

**07**

**泰國牛奶片**

遊泰必敗伴手禮，奶香濃厚，小朋友最愛的零嘴。

**08**

**大哥花生豆**

泰國土產店必定裝箱帶回台的產品，花生裹著濃郁口味的脆皮，在這裡一字排開任君挑選。

**09**

**泰式甜雞醬**

酸酸甜甜微辣口感，非常適合搭配肉類及炸物的沾醬，以前到泰國也是人手一瓶。

**10**

**羅望果汁**

羅望子果是泰國特有果實，棕色狀似豆莢，果肉有酸味可開胃助消化，酸甜口感，是來自東南亞純天然的水果汁。

## 宮原眼科　到眼科吃冰淇淋

宮原眼科建成於 1927 年，據今有近百年歷史，原是一名留德的日籍醫師宮原武熊所開設的一所眼科醫院，之後曾一度成為台中市衛生局，歷經 921 地震及 2008 年卡玫基颱風的蹂躪，2010 年被台中知名的日出鳳梨酥買下，2012 年 1 月以歷史古蹟再造方式重生。

宮原眼科內部整體設計，彷彿讓人走進哈利波特的電影場景，巴洛克式的天窗及格菱紋的大理石地磚，帶有濃厚的歐式莊園美感。

首創的台灣土鳳梨酥及各種蜂蜜製成的太陽餅，輔以文創包裝設計，近期也加入法式點心，都讓人眼睛為之一亮。

1 2　1. 宮原眼科外觀 2. 內部陳設相當華麗 3. 頂樓有小型展覽館可
3 4　看到宮原眼科舊屋頂及舊文物 4. 一樓頗像電影場景的階梯

　　二樓醉月樓主要提供台式美食及小吃，此外還有飲料及冰淇淋部門，珍珠奶茶是台灣經典，土鳳梨紅茶也別錯過，冰淇淋則推薦季節水果及茶類，可搭不同配料，混搭自我風格。

---

📍 **INFO**
..........................................................

☆ 台中市中區中山路 20 號

⊙ 每天 10:00 ～ 22:00

🚌 從台中車站前站廣場出口步行約 4 分鐘

地圖　　　　官網

**繼光香香雞** 紅遍全球的香香雞創始店

　　繼光香香雞位於宮原眼科對面，創立於 1973 年，以前是從台灣大道及繼光街的一個不大小店面，擴展到全球擁有 350 多家據點，目前位於中山路這家就是創始店。海外第一家店 2010 年於上海成立，目前已擴及加拿大溫哥華、馬來西亞、香港、菲律賓、越南等國家。

　　現在的總店經改裝，走的是家庭森林系風格，店面不大，假日總是一位難求，到這裡朝聖除了享受美食，別忘了也思考他們的創業歷程，如何讓一家小小的店走向全世界，也許你也可以在這裡找到靈感，成為下一任台灣輸出的全球連鎖店 CEO。

招牌
香香雞

1 2

1. 繼光香香雞外觀
2. 位於宮原眼科旁

INFO

☆ 台中市中區中山路 29 號

⊘ 11:00 ～ 21:00

🚌 從台中車站前站廣場出口步行約 5 分鐘

地圖　　官網

 **第四信用合作社** 到銀行吃花式鬆餅

　　日出宮原眼科系列第二彈：台中第四信用合作社，2013 年 8 月正式開館。同樣承襲老房子翻修再利用的懷舊風格，這次利用的空間是始建於 1966 年的台中第四信用合作社，至今已有半世紀的歷史。

　　屋子外觀的馬賽克拼貼磁磚可以嗅出屋齡，不過在設計師的巧手改造下，原本老態龍鍾的建築，搖身一變像穿上了華服的老伯伯一般別有韻味。裸露的牆壁及柱子，頗有幾分後現代的味道，著名的日本建築師安藤忠雄，以他的清水混凝土建築工法聞名於世，這樣的呈現方式也有異曲同工之妙。

　　這裡原是銀行金庫所在地，早年遺留下來的建物成了很好的展示品及古董，原金庫大門就擺在門口展示。

1　2　1.第四信用合作社外觀 2.銀行保險箱都保存下來

這裡販售的產品大致上和宮原眼科的冰品及飲料一樣，為了消化宮原眼科的排隊人潮及沒有位子坐的窘境，這裡在空間規劃上比較寬敞，可以讓消費者坐下來享用。冰品的種類也加入了宮原眼科沒有的口味，例如：梨、烏梅、楊桃及甘蔗等四種口味的豐仁冰，還有剉冰、水果鬆餅及現烤的太陽餅。

喜歡建築及老房子的朋友可以來此朝聖，看一棟原本陰森老舊的閒置空間，如何搖身一變成為人氣名店。

1. 冰淇淋餅皮現場製作 2. 現烤太陽餅
3. 花式鬆餅 4. 葡萄剉冰 5. 招牌冰淇淋
6. 芒果剉冰

INFO

☆ 台中市中區中山路 72 號

⊙ 10:00 ～ 22:00

🚌 從台中車站前站廣場出口步行約 5 分鐘

地圖　　　　FB

## 全安堂太陽餅博物館 太陽餅 DIY 體驗

早期的麥芽桶

全安堂建立於 1909 年，至今已有百多年的歷史，整體延續台中舊市區常見的辰野式建築風格，紅磚外牆及白式飄帶裝飾。這裡原是當時台中三大巨富盧安（1880～1959）所興建，是一座藥局，銷售盧安自己代理的日系藥品，像是仁丹、合利他命等品牌。

百年古蹟現在則做為講述魏清海太陽餅師傅的故事館，裡頭陳列品除了建物本身的歷史典故，則是早期太陽餅製作模具及太陽餅源由的解說；一樓設有太陽餅 DIY，可體驗太陽餅製作，二樓提供現烤的太陽餅。

太陽餅幾乎是台中的同義詞，説到太陽餅總會有人問，到底要買哪一家？哪一家才是老店？以前大家公認的太陽餅老店自由路 23 號，有國寶級畫家顏水龍先生向日葵馬賽克壁畫的老店已不復存在。在太陽餅演進的歷程還有發明師傅、創始店家、命名店家等複雜因素，關於誰才是正宗老店的説法不一而足。

不可否認的是魏清海（阿明師）是第一代創始老師傅，其後有很多和太陽餅相關的產業，都是魏師傅的徒子徒孫，有著魏師傅的 DNA，所以哪家比較好吃？只能自由心證，可以從餅皮的酥度、麥芽用料、奶油的品質、甜度及包裝的講究，來評比找出自己心中的第一名。

1. 全安堂太陽餅博物館外觀 2. 右下即是魏清海阿明師 3. 口述歷史裡提到太陽餅創始人為魏清海

---

### INFO

☆ 台中市中區台灣大道一段 145 號

⊘ 8:00～21:00

🚌 從台中車站前站廣場出口步行約 7 分鐘

 地圖

 官網

路線圖

- 台鐵捷運台中站

  🚶 3 min

- iBike 台中車站

  （建國路 / 中山路口）

  🚲 7 min

- 第二市場

  🚶 1 min

- 坂神本舖長崎蛋糕

  🚶 1 min

- 富鼎旺豬腳（米其林必比登餐廳）

  🚲 1 min

- 柳川水岸景觀步道

- 台中市役所

  🚶 1 min

- 台中州廳

  🚲 3 min

- 春水堂 - 珍珠奶茶創始店

  🚲 1 min

- 國家漫畫博物館

  🚲 3 min

- 動漫彩繪巷

  🚶 2 min

- 第五市場

  🚶 2 min

- 台中文學館

🚲 2 min

# 第二市場　美食林立的傳統市場

第二市場成立於 1917 年，早期是日本人常來消費的高檔市場，內部中央是一座六角樓以 Y 字格局擴散，這裡常態約有 2 百個攤位，主食、蔬菜、魚肉、布莊、飲料、小吃等應有盡有。

要了解在地文化就要走進市場，這座市場因為知名攤位例如：李海魯肉飯、王記菜頭粿、糯米腸，福州意麵魚丸店等及活絡的人氣相當受青睞，很多名人包含歷任市長及總統級的政治人物都曾拜訪過，體驗真正的庶民經濟。

1 2　1. 第二市場外觀 2. 第二市場入口壁畫
3 4　3. 第二市場菜頭粿是排隊美食 4. 傳承三代的福州意麵老店

## 老賴茶棧：老賴紅茶創始店

老賴茶棧創立於 1980 年，原是位於第二市場的水果攤，搖身一變成為全台知名的茶飲店。

創辦人賴成模原來在第二市場賣水果，因為自己喜歡喝紅茶，總喜歡在攤位自己煮一壺紅茶，請客人喝，沒想到一喝成主顧，後來登門求茶的人多了，乾脆直接賣起紅茶。除了紅茶，豆漿紅茶也是招牌，同樣是無心插柳的飲品，現在小攤人潮依舊，到第二市場別忘了來朝聖。

老賴茶棧創始店小攤

INFO

☆ 台中市中區三民路二段 87 號

⊘ 7:30 ～ 18:00

🚌 從台中車站前站廣場出口步行約 13 分鐘、iBike 約 7 分鐘

地圖　　官網

瑪露連嫩仙草是
三種冰創始店

招牌
嫩仙草

## 瑪露連嫩仙草：三種冰創始店

瑪露連嫩仙草成立於民國 60 年，最初是以販售木瓜牛乳及圓仔冰等產品起家，早期台灣刨冰都是以八寶冰及四果冰等固定配料為主，連家老闆娘在逛夜市時，看到有商家在賣雜貨選三件 10 元的銷售方式，由此得到靈感，於是創立任選三種配料的三種冰，之後由於中區商圈沒落，才又加入嫩仙草這個選項。

老店賣的是一種歷史感及懷舊滋味，想著前人的努力及構思，讓這個想法開枝散葉甚至揚名國際，體現台灣人紮實及硬頸精神。

INFO

☆ 台中市中區台灣大道一段 255 號

⊘ 7:30 ～ 18:00。週一休

🚌 從台中車站前站廣場出口步行約 10 分鐘、iBike 約 5 分鐘

地圖　　官網

## 坂神本舖長崎蛋糕：台中最好吃的長崎蛋糕

坂神本舖長崎蛋糕約有四十多年歷史，是台中隱藏版的美味，想帶點不一樣的伴手禮，建議就是這家長崎蛋糕。雖然這家蛋糕在台中以外並不有名，但了解它的製程，再加上實際入口的淡雅雞蛋香及綿密口感，不少人一吃成主顧。

蛋糕是現場製作，剛出爐還熱騰騰的，現場銷售人員會先將蛋糕切塊，再用扇子扇涼，現場 4 至 5 名工作人員同時扇蛋糕，也成了這家店最引人入勝的風景。

因為是手工製作，出爐數量有限，這家店通常只接受現場排隊預訂，平常日大約等 20 分鐘，人潮多等個半天也是常有的事。建議到第二市場第一件事就是先去預約取貨時間，再進到市場逛逛，然後按預訂時間去取貨，這是最聰明的方式。

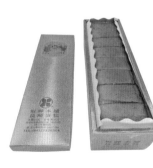

---

📍 INFO

☆ 台中市中區台灣大道一段 338 號

🕐 9:00 ～ 19:00。週一休

🚌 從台中車站前站廣場出口步行約 13 分鐘、iBike 約 7 分鐘

地圖

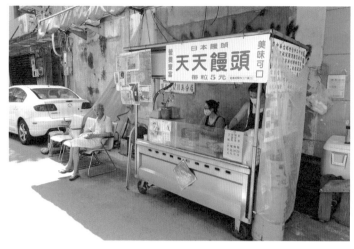

1
2　3

1. 天天饅頭小攤
2. 天天饅頭現炸現吃
3. 天天饅頭剛炸好色澤誘人

## 天天饅頭：台中最老的點心國寶

天天饅頭是隱身在第二市場對面的一個老攤，創立於民國 38 年，至今已有 70 多年歷史，由第一代老闆簡兩傳創立，據說手藝學自日本人，因此標榜日式饅頭。

天天饅頭成份簡單，老麵糰包紅豆內餡，再用低溫油炸而成，簡單反而成就最讓人懷念的美味。很多老台中都知道這一味，從小吃到大，老老闆也曾受台中市政府表揚，並有台中最老的點心國寶的雅稱，到台中想接地氣，這一味準沒錯。

---

📍 INFO

☆ 台中市中區台灣大道一段 336 巷（台中第二市場斜對面）

🕐 9:00 ～ 18:00。週一休

🚌 從台中車站前站廣場出口步行約 13 分鐘、iBike 約 7 分鐘

地圖

FB

## 台中文學館 日式建築群裡喝咖啡

台中文學館前身是日治時期警察宿舍的木造建築群，目前共有 6 座，於 2016 年整修完畢後，推廣及表彰文學作家為主題對外開放。

6 座館舍有不同主題，有餐廳、兒童閱讀室、展覽廳及研習教室等，文創作者會有些手作藝品在此寄賣，整體營造出文青又浪漫的感覺。

透過現場解說員，可以了解當時日式官舍的建築工法、建築材料，官舍內的結構等知識，進到屋內彷彿走入時光隧道。由於要讓古蹟永續經營，並且活化使用，台中市府會將古蹟發包給民間經營管理，因此這邊會有餐飲的服務，逛古蹟同時又可坐下喝杯咖啡，實在愜意。

| 1 | 2 |
|---|---|
|   | 3 |
|   | 4 |
|   | 5 |

1. 台中文學館由六座日治時期警察宿舍組成 2. 台中文學館古榕樹是這裡的大地標 3. 警察署長宿舍門口 4. 展館內部 5. 文創紀念品店

---

### 📍 INFO

☆ 台中市西區樂群街 38 號

🕐 公園全天開放、場館週二～日 10:00 ～ 17:00

🚌 從台中車站前站廣場出口搭乘 27、290、323、324 號公車，於台中醫院站下車步行約 5 分鐘、iBike 約 9 分鐘

地圖

官網

# 第五市場 小吃天堂

　　第五市場成立於 1937 年，至今有 80 多年歷史，日治時期稱為旭町消費市場，早期因為鄰近市政府及市議會，人潮多，賣的東西也琳瑯滿目，民生雜貨、生鮮水產、在地小吃，台中人習慣稱這裡為第五百貨。

　　隨著政府機構搬遷到新大樓，第五市場也開始轉型，結合鄰近的台中文學館、動漫彩繪巷及在地知名攤位，打造成文青風格的傳統市場。因為電視媒體及部落客的報導，這裡幾乎每家都是知名攤位，CP 值絕對高，只是口味如何只能親自走訪體驗。

1　2　1. 第五市場內部 2. 第五市場內 60 年麻糬之家

台中文學館 ★

★ 陳記蚵仔麵線

鹿港嘉慶麵線糊 ★　　阿彬爌肉飯
　　　　　　　　　　　　　　　　★ 太空紅茶
王家傳統豆花湯圓 ★　　　　★ 樂群早餐店
　　　　　　　　　　　　　★ 丸東商號

第五市場古早味紅茶 ★

游記潤餅 ★

★ 動漫彩繪巷　　　　　　　　　　　麻糬之家 ★

　　　蚵仔粥 ★　★ 日棧飯糰

## 太空紅茶：紅茶原創天堂

　　小時候的紅茶都是裝在袋子裡插根吸管，紅茶加點砂糖味道很單純，讓人懷念。第五市場原阿義紅茶及太空紅茶都各有擁護者，原阿義紅茶在第五市場發跡（現改名為炎伯紅茶搬遷到忠孝夜市），太空紅茶則創立於 1966 年，60年代美國實施了阿波羅 11 號登陸月球計劃，當時全球一股太空熱，太空紅茶即是以此概念而來。

1　　1. 阿義紅茶 2. 太空紅茶
2　　3. 用傳統塑膠繩袋的太空紅茶
3

## 日棧飯糰：台中最好吃的飯糰

　　號稱台中最好吃的飯糰，約有 40 多年歷史，古早味配料，單一口味，菜脯、酸菜、鹹蛋、肉鬆、花生粉和糖粉，簡單卻是讓人無法忘懷的味道。

### 丸東魚丸：文學宴流水席指定

第五市場每年會舉辦文學宴流水席，從一開始就採用這家有近 40 年歷史的魚丸，主要銷售旗魚丸、香菇丸等各種加工丸子，標榜沒有防腐劑、硼砂等添加物而頗受好評。

### 蚵仔粥、肉粥：老台中都吃這

這家蚵仔粥的作法傳統，米湯鮮甜，米粒分明，加上蚵仔、瘦肉等配料，灑上蔥花及芹珠，和金門式的廣東粥那種米粒煮到糊掉有明顯不同。除了蚵仔粥之外，燒肉、香腸、肉捲也非常受歡迎。

📍 INFO
.......................................

第五市場

☆ 台中市西區大明街 9 號

🕗 8:00 ～ 14:00

🚌 從台中車站前站廣場出口搭乘 71、75、75 區 2、324 號公車，
於林森／三民路口下車步行約 15 分鐘、iBike 約 8 分鐘

地圖

FB

**動漫彩繪巷** 一級卡通人物彩繪街

動漫彩繪巷在第五市場停車場旁，原是巷口機車行老闆覺得小巷內牆面太單調，自己喜歡動漫，因此興起動漫彩繪念頭。由於畫作逼真，色彩豐富，馬上吸引不少人來此拍照打卡。

彩繪的人物以日本動漫為主，像是一開始躲在任意門後的哆拉 A 夢及大雄、海賊王、火影忍者、進擊的巨人、鋼彈勇士、皮卡丘、瑪莉兄弟等，都是當紅的動漫題材。

拍完照可以就近前往第五市場，那邊有各式各樣的飲料在等你。

| 1 | 2 | 3 |
|---|---|---|
| 4 | 5 | |

1.4. 動漫彩繪巷入口 2. 哆拉 A 夢及大雄 3. 航海王
5. 巷子不長但很精緻

---

📍 **INFO**

☆ 台中市西區林森路 100 巷

⊙ 全天開放

🚌 從台中車站前站廣場出口搭乘 71、75、75 區 2、324 號公車，於林森／三民路口下車步行約 15 分鐘、iBike 約 8 分鐘

地圖

國家漫畫博物館預計佔地達 2.75 公頃，主要規劃以博物館、圖書館、文創基地及推廣台灣本土漫畫為主軸，搭配動態換展及現場的導覽、光影展演及餐飲服務，帶領民眾走入一個大型沈浸式的日式建築群體驗。

　　國漫館現址原是日治時期，台灣三大監獄之一的台中刑務所所在地，2023 年國漫館成立之前只開放林森路前的 3 棟建築，包含主場館演武場及 2 棟附屬宿舍，由道禾教育經營規劃，開辦書畫、茶道、劍道及柔道課程，每月舉辦不同的大型藝文展覽，假日則有市集及音樂會，相當富有藝文氣息。後面宿舍群修繕完畢後，國漫館成立，開放包含典獄官舍及浴場、刑務所官舍群、演武場等共有 19 棟日式建築群，是台灣現今保存最大型、最完整的日治時期刑務系統的建築群。這些建築橫跨日本大正時期、昭和時期、戰後時期等不同時期建築物，並被指定為台中歷史建築或是市定古蹟，可以說整個園區本身就是一座大型的建築博物館。

| 1 | |
|---|---|
| 2 | 3 |

1. 臺中刑務所演武場外觀 2. 鏡湖是網美拍照景點 3. 園內有多棵百年古樹夜晚搭配燈光表演

1. 園區圖編號 2 宿舍內部 2. 園區圖編號 3 宿舍外觀 3. 園區圖編號 3 宿舍內部

國家級的漫畫館由文化部指導，於各個宿舍群中不定期的舉辦各種展演，結合聲光及主題性的規劃，讓每個場館都相當有可看性。戶外的規劃也具有日式庭園風格，其中鏡湖的建築倒影已成為網美的打卡拍照勝地，晚上的光影照在大榕樹上，也吸引大批遊客前往朝聖。現場規劃日式拉麵、飲料、和菓子及冰淇淋等餐廳，充實旅人造訪厚度，讓這裡成為來台中必需朝聖的旅遊景點之一。

## 台中刑務所浴場

原址興建供職員住宿的宿舍群，考量基層工作人員屋內並沒有沐浴設備，而興建的公共浴室，是台灣少數僅存的日本時期公共浴場。內部設施為踏込、更衣室、洗場、水槽，及泡澡用的浴槽，現場雖然不大，但相當能感受到當時讓人浴後放鬆身心的氣氛，目前列為台中市定古蹟。

## 台中刑務所典獄官舍

此棟建築建於 1903 年（明治 36 年），為現今保存最完整的日治時期獨棟高級典獄長官宿舍的木造建築。屋頂形式屬「寄棟造」，建築整體則為「和洋折衷」風格，內部格局也呈現出長官宿舍內的獨特空間，整體還包含周圍的庭園及入口的大門，可以感受到做為長官宿舍的氣勢，目前列為台中市定古蹟。

| 1 | 2 |
| 3 | 4 |

1. 台中刑務所典獄官舍大門 2. 台中刑務所典獄官舍 3.4. 內部展覽空間

---

**● INFO**

☆ 台中市西區林森路 33 號

⊘ 10:00 ～ 19:00。週六、日至 20:00，週二休館

🚌 於台中車站（民族路口）搭 27 號公車至地方法院下車，步行約 3 分鐘、iBike 約 7 分鐘

地圖　　官網

# 台中州廳 台中最美的日式官衙建築

台中州廳完成於 1913 年（大正 11 年），現為國定古蹟，目前仍是台中市政府都市發展局及環境保護局辦公的地方。

台中州廳是典型日治時期官衙的建築，建築師是森山松之助，現今的總統府、台北賓館、公賣局、交通部都是出自他的手筆，在台灣城市建築美學有著很大的貢獻。

台中州廳建築樣式為馬薩式風格，這種風格源自於 17 世紀法國路易十四時期的建築師弗朗索瓦 · 馬薩（François Mansart）。其建築特徵為馬薩式屋頂，是一種折線四坡式屋頂，兩側各有兩個坡度。台中州廳主體外觀為白色，飾以紅色的飄帶，屋頂為灰黑色上開有很多採光及通風的虎眼窗；入口為車寄設計，就是車子可以直接開到大門口，方便大官上下車之用；內部則是紅磚為主視覺的內牆，中庭為綠色的大草皮。

台中州廳開放給民眾參觀，採實名登記，一樓及二樓迴廊都可以拍照，只是現今還有人員上班，遊客要注重參觀禮節。

| 1 | 1. 二樓走廊 2. 台中州 |
| 2 | 3 | 廳外觀 3. 台中州廳中 |
| | 庭綠地草皮 |

1. 二樓走廊 2. 台中州廳外觀 3. 台中州廳中庭綠地草皮

## INFO

☆ 台中市西區民權路 99 號

⊙ 每天 11:30 ～ 20:30（目前整修中）

🚌 從台中車站前站廣場出口搭乘 1、11、21、701 號公車，於台中市役所下車步行約 8 分鐘、iBike 約 3 分鐘

地圖

官網

台中市役所成立於 1911 年（明治 44 年），台中第一任市長日籍金子惠教在此宣誓就任，是名符其實的台中市誕生地；現今是台中歷史古蹟、文化藝術展演空間及特色餐廳，一樓有咖啡廳，二樓則可享用高檔的義大利餐。

### 希臘式門楣

　　典型的三角形山頭，上面的紋飾是用泥塑方式，呈現勳章及綵帶等，歐式建築常用的樣式。

### 圓頂

　　圓頂是辰野式建築語彙之一，市役所圓頂內部結構是採用木料搭接而成，在這個空間開了 7 扇拱型牛眼窗，在同期建築是較少見的技法，在這裡也可以透過一個特殊窗口，觀看到二樓的木頭天花板樑柱。

### 木構隔間牆

　　市役所在當時是先進的設計，木料是採用台灣杉，牆體是磚牆結構，只有一處保留了日本早期的木構牆體，稱為「木摺漆喰塗」，牆體內釘上木條，並釘上人字型的麻絨，外層再粉刷一層灰泥的工法。

### 愛奧尼克式柱子

　　屬希臘柱式之一，在歐洲建築大型柱子皆採用大理石為建材，市役所的門庭柱子是用混凝土及型鋼構造，在百年前這個技法是最新、最頂尖的建築工程。

　　台中市役所外觀稱之為辰野式建築樣式，辰野金吾是日本第一代留學英國的建築師，他的建築帶有濃厚的歐式巴洛克風格，常用紅磚及灰白色系來表現，另外還帶有圓頂及塔樓的設計。

　　台灣辰野式建築風格還有總統府、台大舊大樓院區、西門紅樓及台中車站等，對於台灣日治時期的建築樣貌有深遠的影響。

| 1 | 2 |
|---|---|
| 3 | 4 |

1. 一樓入口的展示區 2. 早期的木構牆體展示 3. 位於一樓的咖啡廳 4. 位於三樓的義式餐廳

---

**INFO**

☆ 台中市西區民權路 97 號

⊙ 11:00 ～ 21:00。週一、二休

🚌 從台中車站前站廣場出口搭乘 1、11、21、701 號公車，於台中市役所下車步行約 8 分鐘、iBike 約 3 分鐘

地圖

官網

路線 **17** 創意產業園區拍照逛展覽、巷弄尋找台式馬卡龍

- 台鐵捷運台中站
  - 🚶 2 min
- iBike 台中車站（復興路）
  - 🚲 3 min
- 文化資產園區
  - 🚲 2 min
- 民意街文創市集
  - 🚲 2 min
- 第三市場（榮記餅舖）
  - 🚲 3 min
- 台中肉圓

路線圖

台中車站🚩
iBike台中車站
建線路
台中肉圓
台中文化創意產業園區★ ★第三市場（榮記餅舖）
民意街文創市集
林森路
台中路
建成路

## 🔵 台中文化部文化資產園區　逛展買紹興酒、米糕冰

　　台中文資園區佔地廣達 5.6 公頃，是台中腹地最大的文創及展演中心，1914 年為一家由日人創立的「赤司製酒場」，後由台灣菸酒公賣區接管，直到公賣局遷往工業區，留下整片的閒置空間，之後才轉型為文創展演空間。

　　目前文資園區約有 16 棟日治時期留下來的舊房子，也是台灣保存最為完備的製酒工廠。在當時是台灣最具規模的，現在則成為大型展覽、排練教室及文化商品綜合活動場地。

1 2　1. 文化資產園區入口 2. 文化資產園區洪易大型展覽

1 2 1.展覽館 2.展品欣賞

## 菸酒公賣局：轉型後的公賣局

台灣菸酒一開始賣的產品就是菸酒，在台灣吹起健康風潮後當然就得轉型。台灣菸酒轉型後以原來的產業為基底，陸續開發出很多人氣商品，像是青春露的原料酒粕類產品就很受歡迎。人氣不墜的台酒花雕雞麵、麻油雞麵、花雕酸菜牛肉麵，還有現場才能品嚐到的紹興紅豆冰棒及紹興米糕冰棒，價格合理，滋味特別，都是很棒的伴手禮。

製酒設備有保存下來

菸酒公賣局推薦紹興米糕

菸酒公賣局泡麵

📍 INFO

☆ 台中市南區復興路三段 362 號

🕐 10:00 ～ 18:00。週一休

🚌 從台中車站後站出口搭乘 33、60、82、89、101、102 號公車，於台中酒廠下車步行約 7 分鐘、iBike 約 2 分鐘

地圖

官網

# 🎁 榮記餅店 古早味台式馬卡龍

台中文資園區一直往裡走，就會來到民意街文創市集，結合台中第三市場及忠孝路夜市，形成一個兼具傳統與創意的街區。

民意街這邊有很多傳統技藝，像是按摩、挽臉、修指甲等，一格一攤的攤位頗具趣味。第三市場內有一家在地人推薦的榮記餅店伴手禮，台中知名的糕點如鳳梨酥、太陽餅、檸檬蛋糕、鹹蛋糕等應有盡有，不過也推薦另一款台式馬卡龍（牛力）。

牛力有原味、草莓、巧克力三種口味，秤斤算價，用夾鏈袋包裝，口感不似馬卡龍脆，比較偏向蛋糕體，夾心奶油帶點鹹味，也算是台灣早期的古早味西點。

1. 民意街文創市集
2. 第三市場內榮記餅店
3. 榮記餅店台式馬卡龍

---

📍 INFO

☆ 台中市南區復興路三段 370 巷 11 號

🕐 每天 8:00 ～ 18:30

🚌 從台中車站後站出口搭乘 7、9、12、18、20、35 號公車，
於第三市場下車步行約 7 分鐘、iBike 約 2 分鐘

地圖　　官網

 ## 台中肉圓　飄香 80 年的好味道

　　台中肉圓成立於 1933 年，至今有 80 多年歷史，由於近台中車站、宮原眼科及台中創意產業園區，可以前往品嚐。

　　肉圓是正宗台灣小吃，各地作法各有千秋。肉圓外皮基本上是以蕃薯粉及太白粉製作而成，台中肉圓則是以蕃薯粉及米漿製作，這點存在著差異。台中肉圓內餡以瘦肉為主，上桌時會淋上米漿及醬油，辣米漿則是在桌上自由添加。店內只有三項產品，除了肉圓，就是貢丸及冬粉湯，冬粉湯材料冬粉、瘦肉、蘿蔔絲及芹菜，簡單卻很美味。

肉圓及冬粉湯

---

**INFO**

☆ 台中市南區復興路三段 529 號

⊘ 10:30 ～ 19:30

🚌 從台中車站後站出口搭乘 33、60、82、89、101、102 號公車，於台中酒廠下車步行約 4 分鐘、iBike 約 2 分鐘

地圖

# (3290) 台鐵捷運精武站
## Jingwu Station

　　精武站是以鄰近的精武路命名，附近有一處國軍製圖廠，稱為精武營區。這個區域內學區林立，台中一中、台中二中、台中科技大學及中國醫藥大學都在此，大型中友百貨及一中商圈也近在咫尺。

　　這裡是台中舊城區的精華地，擁有台中公園、台中放送局及孔廟等知名景點，是人文薈萃的地方，因為近學區，所以緊接年輕潮流脈動，在傳統及前衛間有著特殊的平衡。

台鐵捷運精武站月台層相當有未來感

---

## 路線18　一中街逛街、台中公園划船、翁記喝蛋蜜汁

路線圖

台鐵捷運精武車站
　🚶 9 min
iBike 進德國小站（進化路／福明街口）
　🚲 6 min
新天地西洋博物館
　🚲 3 min
台中樂成宮
　🚲 8 min
羅氏秋水茶
　🚲 5 min
櫟社
　🚲 4 min
台中公園
　🚲 3 min

一中街
　🚲 2 min
台中孔廟
　🚲 3 min
台中放送局
　🚲 2 min
宮原武熊宅邸

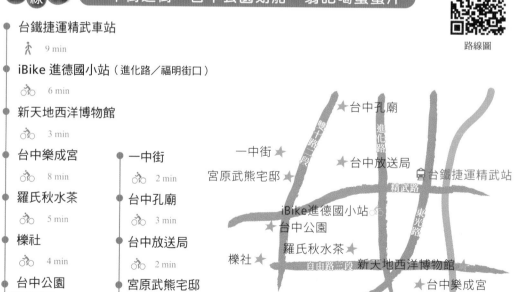

 **新天地西洋博物館** 皇室氛圍的私人博物館

新天地西洋博物館是屬於新天地餐廳旗下的一個私人博物館展示空間，裡頭共有二十大西洋古董主題、千件以上私人收藏。這個博物館的成立和愛好收藏的老闆有關，喜歡西洋古董及研究歷史，收藏的藏品來自蘇富比、佳士得及私人收藏購得。

博物館內部裝潢為歐洲皇室風格，展品非常豐富，瓷器、銀器、時鐘、宮廷器物及航海用品等，裡面還設有紀念品店，參觀需收門票，不過可折抵消費。

| 2 | 1. 博物館內部相當華麗 |
| 1 3 | 2.3. 部份展品 |
| 4 | 4. 展館內部 5. 餐廳環境 |
| 5 | |

 INFO

☆ 台中市東區旱溪東路一段 456 號 1

⊙ 10:00 ～ 18:00。週二、三休

⑤ 全票 150 元可抵用 60 元消費；130 公分以下兒童、身心障礙人士 75 元；100 公分以下兒童免費

🚌 從台鐵捷運精武站搭乘 19 號公車往國美館方向，於新天地西洋博物館下車步行約 15 分鐘、iBike 約 6 分鐘

地圖　　FB

**羅氏秋水茶** 喝一口彷彿穿越到清朝

台中有一款特有的祖傳古早味涼茶，名為羅氏秋水茶，最早在清道光 27 年，1847 年於福建省連城縣創立，1945 年由創辦人羅漢平先生於台中創立，歷經台灣大流感時期曾經幫助過不少人而聲名遠播。

秋水茶原料為薄荷、陳皮、山楂、仙草、苦瓜，傳入台灣時再加上南投烏龍茶，成了名符其實的台中涼茶，喝一口彷彿穿越到清朝的神奇感覺。鋁箔包因為保質期只有 5 天，只有在台中才買得到，要在 IG 上秀跟別人不一樣的，這個很適合。

台中限定版包裝

1. 羅氏秋水茶本舖
2. 羅氏秋水茶早期照片
3. 罐裝可保存較久

📍 INFO

☆ 台中市東區練武路 285 號

🕐 9:00 ～ 18:00。週日休

🚌 從台鐵捷運精武站步行約 15 分鐘、iBike 約 5 分鐘

地圖

官網

# 櫟社　文青霜淇淋

以茶為主題的櫟社，其實是日治時期台中著名的詩社，以此為概念所發展出來的一家商店，裝潢方面則是以東方禪意及詩詞意境為方向。

櫟社最經典是茶葉聞香瓶，大約有四十多種不同的複合味道，取名也相當有意境，像是吹黛綠、看燕燕、冉冉、風流事等等。在這裡保留台灣早期奉茶的傳統，每天都備有不同的試喝茶飲。

最受歡迎的是霜淇淋，東方美人茶、日月潭紅玉、高山烏龍、海鹽焦糖及香草牛奶等口味，一天只出一款，想吃什麼口味得碰運氣。霜淇淋妝點的像是一處雲霧繚繞的圖案，上頭用餅乾做成的小屋，用巧克力畫成的樹枝等，也是一處打卡熱點。

受歡迎的文青霜淇淋

茶葉聞香瓶

台中公園餅乾

台中伴手禮好選擇

文青飲料杯

| 1 | 1. 櫟社入口 |
| 2 | 2.3. 櫟社內部空間 |
| 3 | |

---

### 📍 INFO

☆ 台中市中區市府路 150 號

🕐 11:00 ～ 18:30

🚌 從台鐵捷運精武站步行約 15 分鐘、iBike 約 5 分鐘；台中車站步行約 16 分鐘、iBike 約 7 分鐘

地圖　　官網

台中公園三孔橋中正橋

台中公園成立於 1903 年（明治 36 年），已有百年以上的歷史，是目前台中市最古老的一座公園。園區內有一處土丘名為砲臺山，是台中市舊名大墩的原型，園區佔地廣潤，小橋流水，植被及動物生態豐富。日月湖設有藍色划槳船，可以在湖面欣賞湖水亭及公園美景。

## 湖心亭：台中地標

湖心亭是台中的象徵，建成時間比公園成立晚 5 年，原是為了慶祝縱貫鐵路全線通車典禮所興建。落成典禮時，日本載仁親王曾於此亭休憩、觀看表演。

湖心亭主體為雙併式尖頂涼亭木造建築，融合日式及西洋風格，也見證一段時代的歷史。

台中公園湖心亭

廣播播音台

## 廣播播音台：全台唯二

公園內的廣播播音台，原為台中放送局於 1935 年所建，是台語「放送頭」的原型，主要做廣播功能。這個播音台一直到 1960 年才退役，目前台灣只有二座放送頭，相當珍貴，另一座在台北 228 和平紀念公園。

## 台日友好之翼：櫻、梅同框

　　日本為感念台灣民眾於 2011 年對東日本 311 大地震的資助，於 2012 年成立了一個 125 人的包機訪問團，在這裡植下櫻花及梅花，代表台日友誼長存。

台日友好之翼

## 更樓

　　更樓大約建成於 1889 年，是目前台灣碩果僅存的一座，原是台中仕紳吳鸞旂公館的正門門樓。吳鸞旂過世後，原地幾經易主，還曾被上百違建戶所佔住，後來被法院判決強制拆除夷為空地，更樓是唯一保留下來的。

更樓

思恩堂

## 思恩堂：紅色網美教堂

　　台中公園東北隅有一座紅色的教堂相當顯眼，名為思恩堂，成立於 1949 年，隸屬基督教中國布道會。教堂有先總統蔣中正親題「思恩堂」墨寶，是一座歷史建築。

---

 INFO
..............................................................................

☆ 台中市北區雙十路一段 65 號

◎ 全天開放

🚌 從台鐵捷運精武站步行約 20 分鐘、iBike 約 9 分鐘；台中車站搭乘 12 號公車往豐原鎮清宮方向，於台中公園（雙十路）下車步行約 15 分鐘、iBike 約 7 分鐘

地圖

1 2
3 4

1. 宮原武熊宅邸外觀 2. 宅邸整修時從屋頂拆下來的屋面板材質為台灣紅檜 3. 內部廣場 4. 手作商品販售

## 宮原武熊宅邸　不老夢想 125 號、舊台中市長官邸喝咖啡

　　市長官邸舊稱宮原氏別墅，官邸興建者是宮原武熊，創建年代可能為 1929 年（日治昭和 4 年），原為胡市長官邸，現在開放為路易莎咖啡廳、不老時光餐廳及藝文展覽場所。

　　目前市長官邸交由弘道老人福利基金會經營，他們最著名的事蹟就是不老騎士環台，稱為不老夢想 125 號，就是落實以「不老夢想」、「銀髮就業」、「青銀共創」來活躍高齡化社會的來臨。

---

### 📍 INFO

☆ 台中市北區雙十路一段 125 號

🕐 7:00 ～ 19:30

🚌 從台鐵捷運精武站步行約 15 分鐘、iBike 約 7 分鐘；台中車站搭乘 131 號公車往北屯區行政大樓方向，於台中一中下車步行約 20 分鐘、iBike 約 9 分鐘

地圖

官網

# 台中放送局  鵝黃古典建築好浪漫

　　米黃色的歷史建築，隱藏在小巷子的宅院裡，古典式的建築讓人聯想到童話故事的小屋。開放式的庭園是市民休憩的好場所，餐廳開放時間還可在這裡享受美食。

　　台中放送局建立於民國 24 年（1935 年），歷經七十多個年頭，現今已被列為充滿歷史的文藝建築。早期曾為中國廣播公司台中台所在之地，當年是政府大力推廣說「國語」及政令傳達的重要傳播中心。

1　　1. 台中放送局全景 2. 內部咖啡廳

2　3　3. 棟札開工典禮時的祈福牌

## 衛哨亭：後有逃離地道

放送局正門口衛哨亭，是日據時代遺留下來的憲兵警哨亭，早期在政令宣導時，警衛也要負起保護的責任。警哨亭還會架起機槍，同時下方有逃離地道，不過目前已不復使用。

| 1 | 2 | 1. 衛哨亭 2. 衛哨亭下的地道 |

## 石燈籠：謎樣的石柱

放送局庭園裡一座迷樣的石燈籠，石柱上刻著「大正7 年 6 月 28 日創建」、「昭和 5 年 12 月 28 日建之」，這二個年號間相差了 12 年之久。據學者考證這個石燈籠原應隸屬於台中神社所有，神社拆毀後改立於此，不過確切的身世仍然是個謎。

📍 **INFO**

☆ 台中市北區電台街 1 號

🕐 10:00 ～ 18:00。週一休

🚌 從台鐵捷運精武站步行約 15 分鐘、iBike 約 5 分鐘；台中車站搭乘 131 號公車往北屯區行政大樓方向，於台中一中下車步行約 20 分鐘、iBike 約 9 分鐘

地圖

FB

# 台中孔廟 彷彿來到紫禁城

台中孔廟完成於 1976 年，原是空軍小學及教職員宿舍（省三國小舊地），在台灣建築規模雖不是最大（高雄旗山最大），但卻擁有二個唯一：唯一佈局規制最齊全的孔廟，以及唯一殿宇內採用宋代傳統彩繪的孔廟，整體風格仿孔子故鄉曲阜，莊嚴肅穆。

孔廟格局通常級數較高，基本有萬仞宮牆、欞星門、泮池、甬道、大成殿、崇聖祠等組成，台中孔廟是全台唯一擁有燎亭及瘞所的孔廟。孔廟通常不見門聯及詩句，主要怕於「孔夫子面前賣弄文章」。另外孔廟沒有神像，來自於孔子曾說過「子不語怪力亂神」，而孔廟屋脊上的筒狀物被稱為通天筒，表示孔子的學問上達天意。

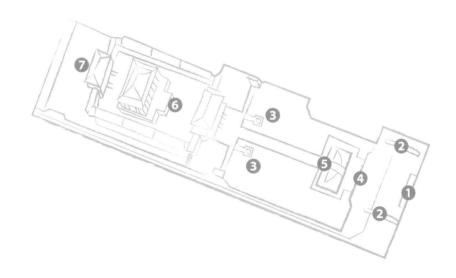

## ❶ 萬仞宮牆

台中市孔廟的萬仞宮牆做照壁的形態，典故出自論語子貢篇「夫子之牆數仞，不得其門而入，不見宗廟之美，百官之富，得其門者或寡矣」。寓意孔夫子學問莫測高深，需認真學習，才能窺其堂奧。

## ❷ 道貫古今、德侔天地牌坊

　　台中孔廟二座牌坊氣勢宏偉，是全台唯一擁有牌坊的孔廟，也是台中市的意象指標。

1 2　1. 德侔天地牌坊
　　　　2. 道貫古今牌坊

## ❸ 燎亭及瘞所

　　於大成門外的燎亭及瘞所，是全台唯一孔廟設施。在古代燎亭是燎帛及祝文的地方，而瘞（一、）所則是古代會將牲畜（牛、羊、豬）之毛血帶到此埋葬，以滋養土地，使萬物生生不息，並有潔淨的涵義。

1 2　1. 燎亭
　　　　2. 瘞所

## ❹ 欞星門

　　欞星門是參仿山東曲阜孔廟創建而成，採用傳統的宋朝營建方法，在古代只有天子及狀元才能走此門，現今則是國家元首蒞臨才會開啟，表達孔子思想崇高的敬意。

### ❺ 泮池

泮池為半月形，以前天子讀書的地方四面環水稱為泮宮。泮宮除了可做防災之用，古代秀才在祭孔時都要在泮池撈一種芹的水草插在帽子上，代表勤學之意。

### ❻ 大成殿

大成殿規制採建築最高級廡殿建築，屋檐、斗拱，內部彩繪皆為宋代彩畫。正殿牌匾「明德至善」為故總統嚴家淦先生所題，而主祀神龕出自薪傳大師李松林先生之手。

### ❼ 崇聖祠

崇聖祠通常位於孔廟最後方，主祠孔子及其門生之祖先。在這裡有崇尊先人的涵義，也代表先生傳承下來的倫理制度。

---

### 📍 INFO

☆ 台中市北區雙十路二段 30 號

🕘 9:00 ～ 17:00。週一休

🚆 從台鐵捷運精武站步行約 15 分鐘、iBike 約 7 分鐘；台中車站搭乘 131 號公車往北屯區行政大樓方向，於台灣體大體育場下車步行約 20 分鐘、iBike 約 11 分鐘

地圖　　　官網

**一中街夜市** 年輕人最愛逛的夜市

　　一中街為台中典型的學生商圈，一中、台中科大、台中體大、雙十國中、力行國小、中友百貨及中國醫藥大學皆近在咫尺，台中公園等知名景點也在附近。出入多以學生族群為主，主打年輕族群，被喻為台中的西門町。

1 | 2 3　1. 一中街被喻為台中的西門町 2. 台中的西門町一中街
　　　 3. 台中一中

## 一中豐仁冰：台中必吃

　　一中豐仁冰創立於 1946 年（民國 35 年），可説是台中正老牌的冰品之一。地點位於台中一中斜對面，到現在為止還是穿堂旁邊的一小攤，相信有很多人都是學生時代吃到當爸爸、媽媽或變成阿公、阿嬤了，是台中最讓人懷念的味道之一。

　　其實豐仁冰的配料是粗刨的酸梅剉冰，上面添加精緻蜜豆及香檳冰淇淋，簡單的味道卻擄獲不少人的心。

## 阿月紅茶冰：紅遍一中

一中商圈常可見到人手一杯阿月紅茶，其成分相當簡單，就是阿薩姆紅茶加砂糖，創始店則位於一中商圈。

因為紅茶很普遍，入門基本沒有門檻，發跡於一中的阿月紅茶，始終堅持品質，並開發凍檸茶及白玉珍奶等飲料，目前在中友百貨及逢甲都有分店，到一中別忘了帶杯古早味紅茶。

## 21 臭豆腐：一吃成主顧

一中街有很多排隊美食，能在一中街立足，肯定是身經百戰的名店，當然每個人都有口袋名單，台灣道地的小吃人氣肯定居高不下。

臭豆腐是街坊小吃到處都有，但要炸得酥脆香軟，這可要看個別功力。21 臭豆腐位於胖子雞排對面，同一條街就有好幾家臭豆腐，當然好不好吃因個人口味而異。好吃的臭豆腐皮一定要脆，但又不能太焦，豆腐心要軟嫩多汁，味道要臭中帶甘醇味。其中泡菜也是關鍵，再來是醬料，蒜泥是基本款，有些會有小魚乾辣椒。21 臭豆腐則有特製的醬料，其實很少有臭豆腐、泡菜、醬料完美結合的店家，到一中街不妨來朝聖品嘗。

## 益民一中商圈：文青風市集

　　新興的商圈擁有 5000 坪的腹地，主打活潑時尚又帶點文青的風格，活動表演節目眾多，每天都有街頭藝人表演。目前已有時尚休閒品牌、文創商品、美食及美容美髮等相關店家進駐，是一中商圈的另一個好去處。

---

📍 INFO

................................................

☆ 台中市北區一中街

🕐 11:00 ～ 22:10

🚌 從台鐵捷運精武站步行約 15 分鐘、iBike 約 8 分鐘；台中車站搭乘 12 號公車往豐原鎮清宮方向，於台中科技大學下車即可、iBike 約 10 分鐘

地圖

官網

# (3250) 台鐵捷運潭子站
## Tanzi Station

　　潭子站位於潭子市中心，是最熱鬧的地區，鄰近的潭水亭觀音廟，是潭子人的信仰中心，地位等同於大甲鎮瀾宮。出站即是潭子國小 iBike 租借站，由此出發到各個景點都相當便捷。

　　時間充裕的話可以在潭雅神綠園道騎乘單車，沿途風景秀麗，四季皆有不同，春天賞櫻花、夏天阿勃勒、秋天有楓葉，時而穿過綠色隧道，如同徜徉在城市綠肺，非常適合親子互動遊賞。

台鐵捷運潭子車站位於市區很熱鬧

路線⑲　絕倫古宅探幽一秒穿越到清朝

路線圖

● 台鐵捷運潭子車站
　🚶 1 min
● iBike 潭子車站
　（潭興路二段／中山路二段口）
　🚲 15 min
● 摘星山莊（每週日預約參觀）
　🚲 6 min
● 潭雅神綠園道（潭富橋）
　🚲 10 min
● 熊寶漁樂碼頭（親子景點）

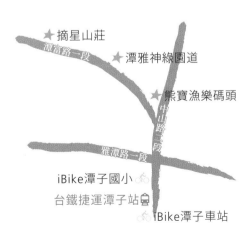

★ 摘星山莊
潭富路一段
★ 潭雅神綠園道
★ 熊寶漁樂碼頭
中山路二段
雅潭路一段
iBike潭子國小 🚴
台鐵捷運潭子站 🚆
🚴 iBike潭子車站

193

1
2
3
4

1. 摘星山莊前院
2. 雅神綠園道潭富
橋 3.4. 摘星山莊修
繕圖

# 摘星山莊　台灣十大民宅之首

　　摘星山莊由清朝將軍林其中建於同治 10 年（1871 年），耗時九年，是台灣十大民宅
之首。佔地約 2000 坪，由二進院落，左、右各三條護龍，前庭半月池及後院風水化胎所
組成，整體看起來清秀端莊，處處風水意涵，充滿先人智慧，細看建築結構繁複，書法、
繪畫、雕刻、交趾陶等精彩作品，無處不成書。

　　摘星山莊離台鐵捷運潭子站還有段距離，可換乘 iBike 前往，如果剛好在潭雅神綠園道
騎乘自行車，可從潭富橋下即可達。

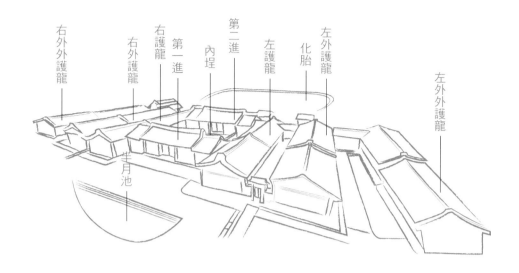

右外外護龍
右外護龍
右護龍
第一進
內埕
第二進
左護龍
化胎
左外護龍
左外外護龍
半月池

## 化胎

　　在風水上宅地背後需要有靠山，林宅在宅後做了化胎工程，化胎即是孕化胎氣的意思，可承接來自天地之氣，有安穩的意涵在內，祈福人丁興旺，萬事昌隆。

## 半月池

　　林宅前方半月池是活水，於護龍二側做了溝渠通到外面的水圳，半月池在風水上可以聚氣，實務上可養魚增加生活情趣，也能當消防用。

## 繪畫

二進大廳內側和合二聖圖，和合二聖是掌管和平與喜樂的神仙，名為拾得與寒山，兩位高僧情感融洽，在此也喻意為家庭和樂。

繪畫和合二聖圖

## 交趾陶

一進大門前加冠錦上花，這件作品由公雞、母雞、小雞及雞冠花組成，雞冠花有加官進祿之意涵，母雞及小雞代表一家合樂。

交趾陶加冠錦上花

## 書法

一進門廳秋興八首書法對聯，是唐代杜甫的詩作，此詩以秋天的景點，點出憂國思鄉之情懷。

門廳秋興八首書法對聯

📍 INFO

☆ 台中市潭子區潭富路二段 88 號

🕐 休館整修中，開放週日預約導覽

💲 100 元，台中市民半價

🚌 從台鐵捷運潭子站搭乘 920 號公車往台豐社區方向，於摘星山莊下車步行約 15 分鐘、iBike 約 7 分鐘

預約導覽　　　地圖　　　官網

# (3230) 台鐵捷運豐原站
## Fengyuan Station

　　豐原站鐵路高架新站體，擁有更大的旅客量能，壯觀的柱體造型外觀、車站頂棚傾斜設計，則讓繁雜的電車線收起，視覺效果顯得更簡單俐落。

　　豐原舊稱為葫蘆墩，因此月台的椅子設計成葫蘆造型，站體的裝置藝術也以此為發想概念。由於豐原在日據時代擁有很多的麵粉倉庫，因為地利及取材之便，台灣早期的糕餅業皆發源於此，因此有台中小京都之稱。

台鐵捷運豐原站外觀由巨型柱子組成很壯觀

---

## 路線20　廟東夜市吃小吃、走進台中小京都

路線圖

- 台鐵捷運豐原車站
  - 🚶 1 min
- 歷史建築頂街派出所（墨菲斯餐酒館）
  - 🚶 1 min
- iBike 豐原火車站（中正路／東北街口）
  - 🚴 3 min
- 豐原慈濟宮
  - 🚶 1 min
- 廟東夜市
  - 🚶 1 min
- 宝泉老店
  - 🚶 2 min
- 薔薇派
  - 🚶 2 min
- 雪花齋
  - 🚴 12 min
- 金鈴波士頓派

歷史建築頂街派出所★
iBike豐原火車站★　　🚉 台鐵捷運豐原站
薔薇派★
雪花齋★　　★宝泉老店
中正路
豐原慈濟宮★★廟東夜市
★金鈴波士頓派

| 1 | 2 |
|---|---|
|   | 3 |
|   | 4 |

1. 歷史建築頂街派出所外觀為表現主義樣式 2. 一樓展覽空間
3. 二樓展覽空間 4. 歷史文物棟札

## 歷史建築頂街派出所（墨菲斯餐酒館）

### 到派出所小酌

台中市文化局積極修復古蹟建築，改造重建後催生商家進駐，賦予古蹟新生命，位於豐原車站旁的歷史建築頂街派出所，即是最新的案例。

頂街派出所始建於 1930 年日據時代，屬於表現主義的建築樣式。在當時因為是用做派出所用途，外觀還一度被塗裝成紅色，內部保存相當多的歷史文物，包含最珍貴的「棟札」，奉祀大元尊神、五帝龍神及日本神話中的水神岡象女神。此「棟札」和台中放送局的相同，目前放在一樓餐酒館展示，相當珍貴。

改造後的頂街派出所，目前則由市府委外經營，之前是咖啡廳及藝文展覽空間，現在則由餐酒館進駐，是豐原小酌及聽現場駐唱人員唱歌的好去處。

📍 INFO

☆ 台中市豐原區中正路 5 號
🕐 11:00 ～ 1:00。週一休
📞 0953-507527
🚌 豐原車站出站左側即達

地圖　　　官網

## 豐原慈濟宮　地位崇高的葫蘆墩媽祖廟

大家都曉得豐原廟東夜市美食林立，但鮮少知道這座廟稱為慈濟宮。慈濟宮是豐原地區最早的廟宇，前身稱為觀音亭，最早可溯及乾隆四十二年（1777 年），豐原人稱的媽祖廟指的就是這座，歷史地位相當崇高。

| | 1 | |
|---|---|---|
| 2 | | 3 |

1.2. 慈濟宮外觀 3. 正殿媽祖

早期大甲溪流經此地泥沙淤積成三個小土墩，遠看像似一個葫蘆，所以早期的豐原就稱為葫蘆墩，而慈濟宮媽祖就稱為葫蘆墩媽。慈濟宮裡有一座鑄造於嘉慶六年（1801年）的香爐，在歷史定位上極具參考價值，而廟宇的建築樣式及各式牌匾都是珍貴的文物。

近來慈濟宮熱衷於公益事業，也在豐原蓋了一座佔地廣闊的慈濟公園，回饋鄉里，到廟東祭五臟廟，也別忘了進廟祈求一切順利平安。

| 1 | 4 |
|---|---|
| 2 | 3 |

1. 廟後殿牌坊 2. 銅鐘 3. 雍正御書神昭海表
4. 精緻的廟門神像雕刻

📍 INFO

☆ 台中市豐原區中正路 179 號

⏰ 5:30 ～ 23:00

🚌 從豐原車站站前廣場出口左側沿中正路步行約 6 分鐘、iBike 約 3 分鐘

地圖　　　官網

# 豐原廟東夜市 　全台知名美食匯集地

　　有香火鼎盛的廟宇就有人潮，有人潮就能形成市集，廟東夜市就是因為香客聚集而形成的一條街區。廟東是座名符其實的美食小吃街，裡面的每一攤都可說是人氣名攤，試想要在這個百家爭鳴的街區立足，肯定要有二把刷子。

　　來廟東最好帶二個胃，一個胃裝主食，一個胃裝甜品小吃。

## 菱角酥：很涮嘴的零食

　　廟街第一攤就是排隊名店，真材實料的菱角酥角裹麵粉下去炸，剛炸好熱呼呼的菱角酥，香氣十足，鬆軟順口，很容易讓人一口接一口。

201

## 廟東清水排骨麵店：化骨排骨麵

　　廟東必吃美食當推清水排骨麵，他們的排骨軟嫩適中，而且都是軟骨，幾乎沒有骨頭。排骨是先裹麵衣炸過，並單獨放在金屬杯裡另外蒸煮，麵起鍋時再加入，排骨酥色澤相當誘人。配料簡單就是豆芽菜及韭菜，撒上黑胡椒，著重在湯頭及排骨的協調，是第一人氣美食，目前在台中新光三越 B2 也開了一家分店。

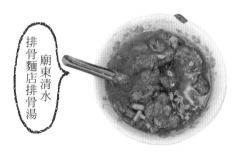

廟東清水排骨麵店排骨湯

1　1. 廟東清水排骨麵店
2　2. 排骨放在金屬杯裡另外蒸煮

## 洪記蚵仔煎：現煎蚵仔煎秀

　　廟東不只有一家蚵仔煎，不過洪記位置顯眼，攤位上擺著肥美鮮蚵，光看就讓人食指大動。除了蚵仔煎，蝦仁煎也不賴。

## 金樹冰果室：名人都來加持過

　　金樹冰果室創立於民國 24 年，即將榮登百年老店，店裡的招牌飲品很簡單，就是用糖熬煮過的鳳梨再加上碎冰，還可加杏仁露，簡單的滋味連馬英九、朱立倫、郭台銘都是座上賓。

金樹冰果室
鳳梨杏仁冰

 INFO

☆ 台中市豐原區中正路 167 巷

⊘ 10:00 ～ 23:00

🚌 從豐原車站站前廣場出口左側沿中正路步行約 6 分鐘、
　 iBike 約 3 分鐘

地圖

官網

# 台中在地食文化

台中舊稱為小京都，源自日治時期日本人在豐原設置麵粉工廠，取材方便，再加上農業及產業的加持，糕餅業在這個時期興起。日治時期還常舉辦糕餅比賽，師傅到國外及日本交流，台灣知名糕餅如太陽餅、綠豆椪、鳳梨酥、小月餅就是在這個時期被發明，如今已成為台中乃至台灣的新意象。

黃麻早期是製作麻繩的原料，麻繩產業沒落後，原本種植的黃麻就需功成身退。台中人惜福，想到將嫩葉摘取下來，洗去其苦汁食用，造就蔴薏飲食文化，是台中獨有的風景。

大麵羹也是台中特有產物，加了鹼的麵條在泡水後體積會增加，看起來相當有份量，是早期窮苦人家的飲食，現在也榮登米其林推薦，還有台中最厲害的泡沫紅茶文化都會一一介紹。

# 崑派餅店 太陽餅原型店

正當大家都在討論哪家才是正宗太陽餅發明人的時候，位於社口的崑派餅店還是保持一貫的低調作風。溯源起來其實太陽餅的前身，就是這家餅店的麥芽餅，而太陽餅發明人阿明師魏清海，早期就是崑派餅店的師傅。

崑派餅店的創辦人為當時望族林振芳，早期崑派餅店的麥芽餅就是他拿來招待賓客的「招牌糕點」。其製作的祕訣是揉餅皮時要不斷折疊，餅皮烤出來才會層次分明，內餡的麥芽需甜而不膩，餅皮不會散開，用扎實的手作功夫製作簡單卻不平凡的口味。

從 1855 年創立以來，崑派餅店依然堅持最傳統的作法，儘管現在的太陽餅進化到標榜用哪種奶油、哪種蜂蜜，崑派還是非常用心製作這個什麼都無添加的平凡美味。除了麥芽餅，店內的中秋月餅、小月餅、鳳梨酥、核桃酥、芝麻肉餅等都是人氣商品，用自行提煉的豬油製作，健康又美味。

| 1 | 3 |
|---|---|
| 2 |   |

1. 崑派內部沒有過多的裝潢
2. 崑派餅店外觀 3. 崑派餅店全景

## 推薦買物

**01** **崑派招牌麥芽餅**
崑派招牌麥芽餅就是
太陽餅的原型

**02** **芝麻肉餅**

**03** **鳳梨酥喜餅**

**04** **崑派傳統大月餅**

**05** **崑派核桃酥**

---

### 📍 INFO

☆ 台中市神岡區中山路 546 號

🕙 10:00 ～ 20:00

🚌 從豐原車站搭乘 183 號公車往台中港郵局方向，於社口
站下車，騎乘 iBike 約 13 分鐘

地圖

官網

# 顏新發　鳳梨酥創始店

　　繼珍珠奶茶之後，台灣鳳梨酥也在國際發光發熱，由微熱山丘和彰化八卦山鳳梨農合作，捨傳統加冬瓜的口味，採用土鳳梨入餡，加強餅皮的奶香味，外酥內甜酸一舉進攻日本、上海及新加坡，擄獲不少饕客的心。

　　如今鳳梨酥揚名到國際，全球第一顆鳳梨酥誕生在顏新發餅舖。該店追溯起來源自於1891年第一代顏瓶先生，祖籍福建安溪鄉，傳承中國的糕餅技藝，當時在清水製作「麥芽酥餅」，並運到台中販賣。

　　第二代顏樹木先生早期在日本習得日本皇室御用糕餅的手藝，於1945年開設「顏新發食品工廠」。當時他為了參選公職，將自家生產的糕餅拿出來請客，為了方便大家享用，就改良了當時訂婚用的龍鳳餅中的鳳餅，「龍」指的是肉餅、「鳳」指的是鳳梨餡的餅。首先他用在日本習得的西式曲奇餅餅皮，取代了原來傳統的油皮，並由圓型改良成易就口的方型，內餡保留原來的鳳梨餡，再加入冬瓜醬來增進口感及減低酸度，而這個創意的巧思，後來成為聞名國際的台灣名產。

| 2 |
|---|
| 1 |
| 3 |
| 4 |

1. 顏新發餅舖
2.3. 顏新發招牌商品
4. 顏新發創始人照片

　　顏新發鳳梨酥口味很傳統，就是我們最早印象中的鳳梨及冬瓜混合的鳳梨酥，外皮沒有過多的香料味，而是淡淡的奶香；口味多元，綠豆椪、小月餅、蛋黃酥、胡麻餅、太陽餅及乳酪酥，結合第四代設計的創意包裝，百年老店有了新意象，迎接下一個一百年。

**推薦買物**

01 珍珠奶茶酥

02 招牌鳳梨酥

03 花生醬太陽餅

---

**● INFO**

☆ 台中市大里區中興路一段 26 巷 27 號

⊙ 8:00 ～ 17:00。週六、日休

🚌 從台中車站搭乘 201 號公車往亞大醫院方向，於中興東南路口下車步行約 4 分鐘；或是從台中後站出口騎乘 iBike 約 28 分鐘

地圖　　官網

| | 2 | 1. 社口犁記新店舖 2. 犁記最早的創始店 |
|---|---|---|
| 1 | 3 | 3. 犁記鎮店招牌 |

## 犁記餅店 台式月餅名店

　　犁記餅店創立於光緒 20 年（1894 年），創始人為張林犁先生，據傳他 12 歲即在崑派餅店學習製餅，26歲創立「犁記」。創立初期銷售狀況不如預期，張林犁先生開始思考如何製作更精良的漢式餅，來滿足人們的味蕾。在當時林振芳提議下，用綠豆做餡，製作出台式酥餅，這一個轉變，讓犁記闖出名號，連當時日本人都愛吃。目前犁記本舖的招牌全台只有社口這家創始店，其他掛牌犁記的其實早已分家各自經營。祖傳台式月餅成了犁記餅舖的招牌，每到中秋店外都大排長龍。

　　犁記餅店堅持傳統，店內仍懸掛著創店初期的「犁記」招牌，時值今日，他們還用傳統工法，採用以松木邊欄及竹底等材質製作的蒸籠等傳統設備，這種蒸籠可保留天然原木的香氣。另外「雙面烘煎法」，香酥口感好，成了台式酥皮月餅百年不墜的關鍵。

## 推薦買物

**01** 犛記招牌月餅

犛記全台
只有一家

**02** 犛蒜餅

**03** 犛記蓮子餅

---

📍 **INFO**

☆ 台中市神岡鄉社口村中山路 520 號

🕗 8:00 ～ 21:00

🚌 從豐原車站搭乘 183 號公車往台中港郵局方向，於社口站
下車步行約 25 分鐘、騎乘 iBike 約 13 分鐘

地圖　　　官網

# 雪花齋 綠豆椪創始店

　　雪花齋雖然不是台中地區最老的糕餅店，但卻擁有台灣流傳最廣的原創產品，例如：綠豆椪、鹹蛋糕，以及細砂糖雞蛋糕捲。

　　創辦人呂水先生於 1900 年創立了雪花齋，少年的呂水家境不好，13 歲偶遇恩師，習得廣東汕頭料理的真傳成了一名總舖師；17 歲再得到當時士紳陳德全先生的賞識當陳家大廚，之後更曾為來台巡視的日本裕仁太子掌廚。雪花齋的由來就是糕餅店成立時，一群秀才在店裡品嚐糕點所吟頌出來的詩句「花香天下中秋桂，雪映莊前臘月梅。」延伸而來。

| 1 | 2 |
| 3 | 4 |

1. 雪花齋創始店 2. 雪花齋店面
3. 雪花齋內部 4. 櫃檯後是雪花齋創始人照片

**推薦買物**

**01** 雪花齋柴梳餅

**02** 招牌綠豆椪

**03** 鹹蛋糕

**04** 杏仁酥

**06** 鳳梨餅

**05** 古早味的砂糖蛋糕捲

**07** 鳳梨酥

綠豆椪是由呂水改良製作方法及內餡而來，日治時期大正 14 年還獲得「台灣區糕餅展」銅牌大獎。鹹蛋糕則是因為當時士紳陳德全身體不適，想起清淡的甜點，而研製出用蒸的鹹雞蛋糕。就連古早味細砂糖雞蛋糕捲都是原創，這種蛋糕捲是以新鮮的蛋及麵粉，烤焙出鬆軟適中的蛋糕體，再捲曲成毛巾型，最後撒上細砂糖，蛋香濃郁，嚐一口真的會讓人一秒回到小時候。

現在的雪花齋是由次子所經營，走的是比較堅持傳統的路線；老雪花齋則由五子所經營，走的是自我風格，雖然師出同門，但各自為政，各有擁護者，但細砂糖雞蛋糕捲只有雪花齋有。

---

📍 **INFO**

......................................................................

☆ 台中市豐原區中正路 200 號

🕐 8:00 ～ 21:40

🚌 從豐原車站站前廣場出口左側沿中正路步行約 6 分鐘、
　騎乘 iBike 約 3 分鐘

地圖　　官網

| 1 | 2 | 1. 陳允宝泉外觀 |
|   | 3 | 2.3. 陳允宝泉內部空間 |

# 陳允宝泉  小月餅創始店

　　早期的糕餅只有在特殊節日，以及做為重要饋贈的場合才使用，台灣日治時期後，傳統糕餅在結合日本菓子及西式技術開始有了創新變化。1975 年當時第三代宝泉店主陳增雄，因為覺得傳統月餅的份量偏大，再加上糕點已從慶典食品轉變為日常生活品，於是以白鳳豆等原料為餡料，把份量做小，成為小月餅的發明始祖。

　　宝泉的歷史要追溯至 1908 年，第一代陳允在豐原地區販售糕點，第二代陳金泉定調其現代風格，當時他繼承父業，每日踩著有櫥窗的腳踏車前往東勢、卓蘭街上沿街叫賣。陳金泉後來遠赴日本習得日式製菓技術，在東京成立「宝泉製菓本舖」。「御丹波」在那個時期的和菓子大賞拿下最高殊榮日本天皇賞，直至今日仍是鎮店之寶。

　　第三代「小月餅之父」陳增雄之後子女開枝散葉，原來在豐原的宝泉由大女兒掌管，兒子則另外成立陳允宝泉，二女兒則在豐原開立宝泉甘味手造所，以觀光工廠的概念傳承製菓精神，第五代以文創風格成立了草悟道店（已結束），各自精彩。

推薦買物

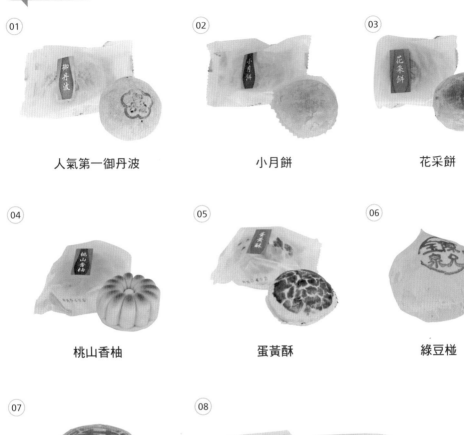

(01) 人氣第一御丹波

(02) 小月餅

(03) 花采餅

(04) 桃山香柚

(05) 蛋黃酥

(06) 綠豆椪

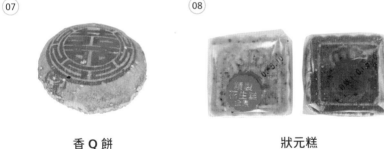

(07) 香 Q 餅

(08) 狀元糕

---

📍 INFO

☆ 台中市中區自由路二段 36 號

🕐 9:00 ～ 21:30

🚌 從台中車站站前廣場出口步行約 8 分鐘、騎乘 iBike 約 4 分鐘

 地圖

 官網

# 一福堂老店 　檸檬餅創始店

一福堂創立於日治昭和三年（1928 年），即將邁入百年老店行列，他們最為人熟知的產品就是檸檬餅。

早期在民國 40 ～ 50 年代，台中火車站一帶相當繁華，火車一進站就有各式各樣的小販向乘客兜售商品，而當時的一福堂則是供應零售攤，及火車兜售員的主要供應商。民國 53 年引進日本新技術，研製出檸檬餅，鬆軟濕潤帶有檸檬香氣的海綿蛋糕，上頭淋上檸檬口味的巧克力，這樣的呈現方式在當時可說是相當新穎，立刻造成轟動，也成了一福堂的代表作。

| 1 | 1.2. 店內產品眾多 |
|---|---|
| 2 | 3. 一福堂老店外觀 |
| 3 | |

除了檸檬餅，一福堂有二款名稱特殊的糕點：龍香餅及香妃酥。龍香餅其實就是奶酥綠豆椪，而香妃酥相傳是古代仕女及宮庭嬪妃相當喜歡，主要是以椰子粉去烘烤。近來一福堂也首創珍珠奶茶太陽餅，老店至今仍在創造歷史。

至於一福堂老店、一福堂及一福堂菓子舖，只能説同門同宗，但各自努力發展，販售的產品及口味都有粉絲喜愛，不妨都買來品嘗看看。

**推薦買物**

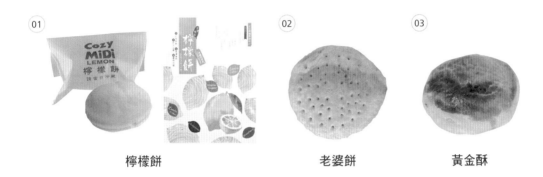

01 檸檬餅

02 老婆餅

03 黃金酥

04 番薯燒

05 香妃酥

06 龍香餅

---

**INFO**

☆ 台中市中區中山路 67 號（原店已燒毀，目前暫駐對街中山路 52 號）

⊙ 10:00 ～ 21:00

🚆 從台中車站站前廣場出口步行約 7 分鐘、騎乘 iBike 約 3 分鐘

 地圖

 官網

# 劉麵包 蘋果麵包創始店

　　老台中人常在廣播上聽過一位有著山東口音的劉伯伯，宣傳他的小麥胚芽延伸產品，而他就是沒有蘋果的蘋果麵包發明人。

　　早期我們在柑仔店及雜貨店都能買到長方型的蘋果麵包，和砂糖雞蛋糕捲、果汁牛奶，都是小時候上學時難忘的滋味。我們吃到的蘋果麵包其實都是改良過的，因為加了乳化劑，麵體較香、較鬆軟；正宗的蘋果麵包個頭較大，麵體較紮實，而且只有小麥的原始香氣，是由劉麵包廠的劉哲基先生所發明。

| 1 | 2 |
|---|---|
| 3 | 4 |

1. 劉麵包外觀
2. 劉麵包內部
3.4. 早期劉伯伯批了麵包賣給美軍

　　劉哲基先生於 1962 年創辦了劉麵包廠，他原是退休的陸軍少校，為了糊口去批了麵包賣給美軍，但被檢舉衛生條件不符規定，自此才成立符合條件的麵包廠。「台美斷交」後原來賴以維生的事業一落千丈，只好和太太開著麵包車，大街小巷用擴音機沿街叫賣。他當時就將麵包取名為「蘋果麵包」，原因竟是在當時蘋果是珍貴的水果，取名為蘋果只是象徵可貴。

　　現在的蘋果麵包由第一代單純的小麥麵體，進化到雜糧及益生菌，現在已來到了第五代的真蘋果麵包，裡面包入蘋果餡料，香香甜甜，加上微酸的麵皮，成為名符其實的蘋果麵包。

早期麵包車

**推薦買物**

**01 正宗蘋果麵包**

**02 進化版黑蘋果麵包**

---

📍 INFO
..............................................

☆ 台中市西區向上路一段 2-3 號

🕐 8:00 ～ 21:00

🚃 從台中捷運水安宮站搭乘 27 號公車往台中車站方向，
　　於向上/民權路口下車，騎乘 iBike 約 13 分鐘

地圖

官網

# 薔薇派 〉派餅創始店〉

　　薔薇派位於豐原慈濟宮（媽祖廟）的巷弄裡，一開始是冰菓室，因為店內老師傅靈機一動，將他在當兵時向美軍學習到的「美式派點」作法，結合店內冰品餡料，製作出台灣第一個台式派餅。

　　1968 年創店初期只有 5 種口味，隨著不斷精進改良，已知曾推出的就有 40 ～ 50 種口味。站在店內冷藏櫃前，常讓人不知如何選擇，每款看起來都好漂亮，都想吃，每款端上桌都美到捨不得吃。

| 1 | 2 |
|---|---|
| 3 | 4 |

1. 薔薇派豐原總店
2. 薔薇派內部用餐區
3. 薔薇派位於台中高鐵的攤車
4. 薔薇派櫥窗陳列的派點

　　店內招牌有紅豆派餅，餅皮酥脆，奶油綿密，紅豆粒粒飽滿，軟而不爛；不喜歡酥皮底的，也有蛋糕底的波士頓派及天使蛋糕可以選擇。他們也有針對當地及季節食材發展出來的芋頭及檸檬口味，甚至號稱台灣三寶的「紅豆、地瓜、芋頭」綜合口味。

**推薦買物**

**01 黑森林派**

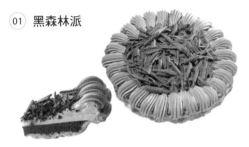

**02 招牌紅豆派**

**03 摩卡派**

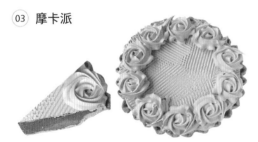

**04 巧克力派**

---

📍 **INFO**
.............................................................

☆ 台中市豐原區信義街 132 號

🕘 9:30 ～ 21:00

🚃 從豐原車站站前廣場出口沿三民路及新生北路步行約 6
　　分鐘、騎乘 iBike 約 3 分鐘

地圖

官網

# 金鈴派 台灣波士頓派創始店

波士頓派在 1996 年被美國麻州訂為州立甜點,其實早在 1975 年位於台中豐原的金鈴波士頓派,就已製作出台灣第一片波士頓派,並開始風靡全台。

從外觀看來,波士頓派比較像是夾層加了奶油的鬆軟蛋糕,為何被稱為派呢?波士頓派的原形在美國家庭中很常見,是基本款的廚房甜點,名為布丁派蛋糕(Cream Pie Cake)。1856 年波士頓一家 Parker House Hotel 開幕,當時的甜點主廚將這道家常的甜點做了改良,把巧克力放在蛋糕體上,並在蛋糕側邊裝飾杏仁碎片,命名為巧克力鮮奶油派(Chocolate Cream Pie),在當時造成一股風潮,逐漸被稱為波士頓派。

| 1 | 2 |
|---|---|
|   | 3 |

1. 金鈴波士頓派內部
2. 金鈴波士頓派外觀
3. 金鈴波士頓派創始人

　　金鈴波士頓派的原型其實要追溯至 1875 年，當時《紐約時報》刊出了一份使用派盤來烘焙波士頓派的食譜，當時美國家庭派盤比蛋糕盤普遍，這也是為何波士頓派被歸類在派類的緣由。

　　波士頓派在台灣最早只有供應給台中清泉崗的美國空軍士官兵購買，台灣金鈴波士頓派在當時就是承襲紐時的作法，將原本只有美國人能享用的甜點推廣到老百姓，並發揚光大。

**推薦買物**

01 原味波士頓派

02 巧克力波士頓派

03 作者自創綜合口味

---

 INFO

☆ 台中市豐原區保康路 16 號

⏰ 每天 8:00 ～ 21:30

🚌 從豐原車站站前廣場出口步行約 20 分鐘、騎乘 iBike 約 7 分鐘

地圖　　官網

　　蔴芛可以說是台中最特殊的文化之一，蔴芛指的是一種源自於印度黃麻的嫩葉，約1600年代由荷蘭人引進台灣種植。日治時期位於豐原的一家帝國纖維株式會社，為了製造麻布、麻繩等相關用品，在中部鼓勵種植黃麻，後來麻製品式微之後，人們覺得可惜才開始採嫩葉來食用。

　　蔴芛大約每年3月開始種植，一直到秋季才結束，春天過後天氣轉熱就開始有蔴芛湯上市，通常會加地瓜及小魚乾來平衡滋味。蔴芛葉帶有苦味，在烹調之前要先搓揉洗出苦汁才能入菜

| 1 | 1. 台中南屯一帶種植很大面積的蔴芛 |
| 2 | 2. 台中經典蔴芛湯 |

# 三角街人文茶館　蔴莩飲料被喻為台式抹茶

　　南屯老街口矗立一棟日式時期精美的西洋立面建築，外牆是洗石子建材，石雕四方各有一隻石獅、中間蓮蓬象徵平安多子，兩旁有展翅天使，目前列為台中市歷史建築。

　　這一帶舊時稱為三角街，有一家人文茶館，茶館前身曾經營過布莊、嫁妝百貨和學生制服店。據說這棟老街上最美洋樓的老闆姓何，在外經營餐飲多年後，才回來將自家古厝改成茶館，目前在興大及文學館都有分館。

　　經營模式比較像早期的泡沫紅茶店，店裡主要以茶食、簡餐及炸物為主。他們也將蔴莩曬乾後磨成粉，製作「蔴莩茶」及「蔴莩奶茶」。蔴莩入茶其實苦味不多，稍回甘，由於沖泡出來的顏色漂亮，有「台式抹茶」之稱。

| 1 | 2 |
|---|---|
| 3 | |

1.2. 三角街人文茶館
3. 南屯老街

蔴莩飲料台式抹茶

---

📍 INFO

☆ 台中市南屯區南屯路二段 551 號

🕐 9:00 〜 21:00

🚌 從台中捷運南屯站出口步行約 10 分鐘、騎乘 iBike 約 4 分鐘

地圖　　FB

# 林金生香百年糕餅店 　創新蔴芛蛋糕

　　蔴芛有了創新作法，可能是從位於南屯的林金生香餅店開始，早期喜事訂婚時都會有一種以糯米粉為基材，用龜模印出的狀元糕。林金生香將蔴芛揉入，創造出獨特又有文化意涵的蔴芛糕點，讓人耳目一新。

　　南屯老街是台中真正的發源地，享有「台中第一街」的盛名，早期因為農業較發達，這裡聚集了較多的農具店，因此稱為「犁頭店街」。位於萬和宮旁的林金生香創立於1866年，開始以製麵為主；1912年第二代林阿塗則製作麵龜及各類糕餅，南屯街坊以「麵龜阿塗」稱之。時值今日已邁入第五代的百年老店，結合台中特產「蔴芛」，在創新及傳統間做了最好的詮釋。

原研香所外觀

1　2　1. 早期林金生香餅舖 2. 林金生香第三代阿嬤

推薦買物

蔴芛戚風蛋糕

---

📍 INFO
...........................................................

林金生香餅店

☆ 台中市南屯區萬和路一段 59 號

🕐 8:30 ～ 19:00。週三休

🚌 從台中捷運南屯站五權西路二段出口步行約 12 分鐘、
　騎乘 iBike 約 4 分鐘

地圖　　　　FB

# 萬楓酒店　首創蔴芛熱熔乳酪漢堡

　　萬楓酒店（Fairfield Marriott）是隸屬於國際萬豪集團 Marriott 旗下的酒店，是全球第一家 Marriott 飯店裡的全日餐廳。現任總經理丹尼爾（Daniel Roland Meier）超過 10 年以上在國際連鎖品牌酒店的堅實管理經驗，對酒店，休閒和服務運營有深入的了解，曾在歐洲，亞洲及非洲工作服務過。

　　餐廳裡的菜單則由前總經理康傑男 (Dario) 親自監督，以提供亞洲及西式佳餚為主，其中一道創意漢堡餐美國漢堡附熱熔乳酪醬，漢堡麵包加入台中特有「蔴芛」就是他的點子，讓西式佳餚有了在地的靈魂。

　　另外一道法式牛肉麵也相當有特色，採用法式清湯的概念，將牛肉清湯放在茶壺中，享用時再倒入碗內，是一道很受歡迎的創意料理。另外，像是沙拉的擺盤及餐後甜點也都在水準之上。

| 1 | 2 |
|---|---|
| 3 | 4 |

1. 右：現任總經理 Daniel，左：營運總監高宗儀
2. 康傑男示範法式牛肉麵的吃法 3. 湯品及沙拉 4. 甜點也相當有特色

**推薦必點**

**01 蘇芛熱熔乳酪漢堡**

**02 讓人食指大動的歐姆蛋**

**03 法式牛肉麵**

**INFO**

☆ 台中市西屯區 1155 號

🕐 12:00 ～ 14:00、18:00 ～ 20:30

🚌 從台中捷運文心櫻花站搭乘 45 號公車往中科管理局方
向，於西屯警察局下車騎 iBike 約 10 分鐘

地圖

官網

台中泡沫紅茶文化

走紅全世界

| 1 | 2 |
|---|---|
| 3 | 4 |

1. 春水堂 2. 翁記
3. 歐吉 4. 雙江茶行

　　台中泡沫紅茶文化源自 1983 年台中四維街，據說當時春水堂的前身陽羨茶行已經用雪克杯搖出史上第一杯「泡沫紅茶」，起因為創始人劉漢介先生在日本酒吧看到用雪克杯調酒而得來的靈感，自此後這款新型的冷飲茶取代茶葉熱飲的形態，開創了一個新浪潮。而後又於 1987 年採用當時台灣媽媽都會煮的粉圓加進調味紅茶，定名為「珍珠奶茶」，自此奠定台灣新茶飲文化（台南雙全紅茶稱第一杯泡沫紅茶於 1949 年在該店誕生，台南翰林茶館稱 1986 年第一杯珍奶在他們店裡誕生）。

　　90 年代台中泡沫紅茶店如雨後春筍般成立，由於平價，一杯紅茶可以坐一整天，變成青少年最愛駐足的場所。爾後店家競爭，泡沫紅茶店開始變調為鋼管辣妹表演吸引年輕人光顧，同時也因為淪為青少年犯罪場所而開始式微。緊接著茶攤也漸漸興起，成了台灣現在茶飲店到處林立，並發揚到國際的榮景。

# 歐吉泡沫紅茶　茶點最齊全的老店

1987 年歐吉泡沫紅茶於台中市永興街創立，開啟服務台中人的記憶，幾乎老台中人都知道這一家泡沫紅茶店。

相較於春水堂走的是精緻化路線，雙江則是傳統路線，歐吉是朝多元的簡餐種類發展，拿到他們的菜單絕對會眼花撩亂，茶、咖啡、醋飲、果汁、火鍋、焗烤、沙拉應有盡有，一份菜單可以從早餐吃到宵夜。早期泡沫紅茶店都以年輕族群居多，歐吉也推出很多年輕人的套餐，經濟實惠。

| 1 | |
| 2 | |
| 3 | 4 |

1. 歐吉是台中老字號
2. 歐吉餐點比較多元
3. 歐吉內部
4. 歐吉有早期無敵大杯的飲料

## INFO

☆ 台中市北屯區崇德路一段 602 號

⊙ 8:00 ～ 24:00

🚌 從台中捷運文心崇德站步行約 6 分鐘、iBike 約 2 分鐘

地圖

# 春水堂 珍珠奶茶創始店

　　以前台灣在國際間給人印象是半導體等高科技產業，現在則是一杯珍珠奶茶。珍奶文化發揚到全世界，英國、澳洲、韓國、日本全為之著迷，而珍奶的發源地，就是位於四維街的這家春水堂。

| 1 | |
|---|---|
| 2 | 3 |

1. 春水堂內部 2. 春水堂外觀
3. 春水堂地下室

　　早期四維街是紅茶一條街，當時台中泡沫紅茶文化相當盛行，每到假日更是人聲鼎沸，雖然現在榮景不復，但舊時風景依然深烙於每個人心中。

　　春水堂透過正名，讓大家知道這裡是世界珍珠奶茶的發源地，入口的地上有一個牌匾，是來朝聖一定要拍照的地方；入內第二進有一個木梯通往地下室木犀堂，為春水堂創業初期的原型，也是春水堂推廣「小壺泡茶」的堅持。

## 推薦必點

**01　台中限定珍珠奶茶火鍋**

**02　最愛吃的肉排飯**

**03　台中必喝珍珠奶茶**

**04　招牌茶香蠔皇鳳爪**

---

### ● INFO

☆ 台中市西區四維街 30 號

◷ 8:00 ～ 22:00

🚌 從台中車站（民族路口）搭乘 158 公車，於台中科大民生校區下車步行約 3 分鐘、iBike 約 6 分鐘

地圖

官網

1 2 3

1. 雙江有近四十年歷史了 2.3. 雙江舊址內部

# 雙江茶行 檸檬紅茶很懷舊

雙江茶行成立於 1984 年，幾乎和春水堂同年代，是台中老牌的泡沫紅茶店，因為鄰近中國醫藥大學，也是很多莘莘學子年輕時的共同回憶。

1984 年成立時，雙江茶行採購了日本進口的不鏽鋼搖杯調酒器共四組，搖出他們的第一杯泡沫紅茶。民國 76 年開始，泡沫紅茶大流行，國內開始開模生產搖搖杯，日本製的器具在今日看來越發顯得珍貴。

一路走來默默耕耘，堅持品質始終如一，就是雙江茶行最佳的寫照，他們店裡的產品就只有茶飲料及簡單茶點，泡沫紅茶有早期難找回的風味，檸檬紅茶有很多饕客推崇，另外像水晶餃、豆干及厚片土司，都讓人彷彿回到 80 年代的舊時光。

**經典茶食**

**01 水晶餃**

**02 茶葉蛋**

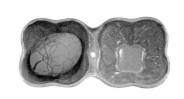

**03 滷豆腐**

**04 鹹酥雞**

**05 炸四季豆**

**06 厚片**

**07 早期用玻璃杯的泡沫紅茶**

---

📍 INFO

☆ 台中市北區民權路 333 號

🕐 12:00 ～ 21:00。週日休

🚌 從台中車站（民族路口）搭乘 25 公車，於英才、民權路口下車步行約 1 分鐘

地圖

FB

# 翁記茶行 芬蘭汁與蛋蜜汁的故鄉

　　翁記成立於 1983 年，在那個年代泡沫紅茶店多如過江之鯽，如今還能存留下來顯示出其獨特的歷史定位，來翁記喝的不是茶，是青春。

　　翁記現在還有二款懷舊的飲料，一款是蛋蜜汁，另一款是芬蘭汁，早期這二款相較於泡沫紅茶是比較高檔的飲料，因此沒有特別紀念日是不會點來喝的。蛋蜜汁的食譜有很多款，大抵是蛋黃、柳橙汁、蜂蜜、檸檬，喝起來有點像乳酸飲料，只是必備的條件是加蛋黃。芬蘭汁的口感和蛋蜜汁很接近，只是不加蛋黃及檸檬汁，改成石榴汁，顏色比較偏粉紅，粉紅的台語發音為「芬昂」，久了就成芬蘭汁。

　　除了飲料，他們的烏龍豆干也是必點茶點，滷得相當入味，上頭灑上大量的九層塔，香氣足、辣度夠，真的相當涮嘴。

1. 翁記在台中公園附近

2. 翁記內部

> 經典茶食

① 經典三寶：泡沫紅茶、烏龍豆干、烤土司

② 白蘭地綠茶

③ 早期高貴款：左為蛋蜜汁、右為芬蘭汁

④ 招牌米血

⑤ 炸豆腐

---

● INFO

☆ 台中市北區精武路 326 號

🕐 11:30 ～ 00:30。週一休

🚌 從台中車站搭乘 12 號公車往豐原鎮清宮方向，於中興堂
下車步行約 1 分鐘、iBike 約 8 分鐘

地圖　　FB

| 1 | 2 |
| 3 | 4 |

1. 英才大麵羹外觀 2. 大麵羹老店
3. 帥氣的小老闆 4. 台中才有的美味大麵羹

# 英才大麵羹

　　大麵羹做為台中限定版的食物，其實中間有段原由，國民政府來台時期，大麵羹只是窮人家餬口的食物，當時的作法很簡單，就是粗麵條加鹼製作，麵條粗吸滿湯汁後可以增加體積，看起來更有份量。加鹼能改善麵筋的 Q 彈性，主要成份澱粉不容易流失，煮熟後麵條較不易沾黏及軟爛。

那為何變成台中限定版食物呢？據考究可能是大麵羹的保質期短，早期並沒有冷藏及更好的保存技術，交通也沒那麼發達，都是當天製作，才造就這麼強的地域性。

現在的大麵羹跟以前的清湯掛麵相較，顯然進化了許多，通常會加蔥油酥、蝦米、碎蘿蔔乾及韭菜，湯體微稠，吃起來有種淡淡的鹹味。其實大麵羹並不勾芡，至於為何被歸類為羹，可能是因為台語的「鹹」和「羹」的發音類似演變而來。

**經典小吃**

01 **招牌英才大麵羹**　　02 **燒肉**　　03 **蝦捲**

04 **招牌炸豆腐**

05 **碗粿**　　06 **滷蛋**

**INFO**

☆ 台中市北區英才路 215 號

🕐 9:00 ～ 17:30

🚌 從科博館騎乘 iBike 約 7 分鐘

地圖　　FB

# 5

# 台中米其林最新餐飲指南

台中是很多創意料理的發源地，除了食材，空間呈現也是獨步全台，早期流行的牛排民歌西餐廳，到後來的分子料理，台中都沒有缺席。台中的異國美食版圖最早都集中在美術園道，這裡有多家異國風味餐廳，古典玫瑰園將英式午茶文化引進台中、火鍋文化緊接而來、海派的啤酒廣場興起，以及輕井澤集團將大型的飲食空間引進到公益路，一時之間各種飲食文化百家爭鳴。

米其林將台中納入評比則是另一個里程碑，口味好壞當然見人見智，不過有米其林的評比制度，相信得到星星的餐廳會努力維持品質，而想得到星星的餐廳會迎頭趕上，一片欣欣向榮。

# 台中米其林／必比登／入選推薦餐廳 66+

米其林餐廳評比分三個等級，分別是米其林、必比登及入選，入選為《米其林指南》中被評選為優秀的餐廳，是未來摘星的前哨站。

有別於價格高昂的米其林餐廳，米其林指南推出一個必比登平價美食系列，指的是性價比高、提供道地美食的好選擇，是親民型「米其林」，LOGO 是米其林寶寶吐舌頭的可愛版。

本篇介紹三家不同菜系的餐廳，有江浙菜系沁園春、台灣風味富鼎旺豬腳及異國料理淇里思印度餐廳，顯示台中餐廳口味的多元文化，世界各地美食匯聚於此，名符其實的美食之都。

1 2　1. 富鼎旺豬腳外觀 2. 富鼎旺豬腳每天都饕客盈門
3 4　3. 天天客棚滿座 4. 不同豬腳部位做成的料理

## 富鼎旺豬腳　膠質豐富、軟 Q 彈牙的豬腳

　　富鼎旺豬腳位於第二市場附近，在還沒有獲得米其林必比登推薦前就是排隊名店。嚴格說起來富鼎旺老闆是餐飲門外漢，也不是承襲家業，他自 18 歲開始接觸餐飲，2004 年才在中正路開了第一家富鼎旺豬腳。

　　豬腳要好吃當然和烹調的功夫有關，本著長期累積的工底，再加上老闆對食材的堅持，店家採用台灣本土豬肉，精挑 130 公斤的成豬，每天新鮮現滷，早上採買到回來開始分類、處理，耗費數小時才能滷出口感軟 Q 彈牙的豬腳。

　　因為豬腳是祝壽及宴客、接風的必備品，店家有出真空包禮盒，在第二市場如果吃太飽，外帶一份回去給家人享用，也是非常棒的選擇。

02 腿扣

01 豬腳

03 腿節

04 荀乾

05 竹筍湯

07 滷蛋

06 味噌湯

🔵 INFO

☆ 台中市台灣大道一段 560 號

🕐 11:00 ～ 14:30、16:30 ～ 19:30。週二休

🚌 於台中車站前搭乘 57、88、147 公車，於中正／中華路
　口下車，步行 5 分鐘可達。

地圖　　官網

# 淇里思印度餐廳　美味零時差料理

　　淇里思印度餐廳是由正宗印度人開的一家連鎖餐廳，第一家創始店位於台中大坑。老闆原是在台中工作的瑜珈老師，因為有感於台中沒有道地的印度餐廳，而興起開店的念頭，因為口味道地，甫獲得米其林必比登推薦。

　　大坑店的外觀為帆船型，是所有店最特殊的一家，裡面的餐桌及陳設都是從印度原裝進口，就連用餐時播放的影片也是印度原汁原味。淇里思以北印料理為主，較注重香料及香氣的呈現，常用的有丁香、月桂葉、肉桂、荳蔻、八角、香芹籽、小茴香等，辣味較少，口感也較溫和；咖哩醬料都會添加乳製品，主食以小麥粉製成的烤餅或粗圓餅等為主。菜單上的菜系主要分為湯、開胃菜、烤爐料理、蔬菜及肉類咖哩、烤餅及香料印度飯。

| 1 | 2 | 1. 特殊造型的外觀 2. 淇里思大坑店外觀 |
| 3 | 4 | 3. 戶外拍照區 4. 附設兒童遊戲區 |

淇里思的員工都是印度人或國外的交換學生，在這裡打工可以邊學習語言。店內有販售一些從印度進口的食品及藝品，像是馬薩拉香料奶茶、香皂及印度銅、銀製餐具及調味料等。如果覺得意猶未盡，也可以買一些回去當伴手禮或紀念品。

1　2　1. 餐廳陳設很有印度風格 2. 印度風格小包廂

## 推薦必吃

01 瑪莎拉薄片捲

02 香烤羊排

03 紅醬奶油雞肉咖哩

05 印度馬薩拉香料奶茶

04 印度烤爐料理

---

### INFO

☆ 台中市北屯區松竹路一段 2 號

⊙ 11:00 ～ 15:00、17:00 ～ 21:00

🚌 從台中捷運北屯總站搭乘 922 公車往中台科技大學方向，
　 於東山／松竹路口下車步行約 5 分鐘；騎 iBike 約 14 分鐘

地圖　　官網

# 沁園春　台中最傳奇的江浙餐廳

沁園春是台中早期最高級的餐廳，以上海、江浙菜為主，1949 年國民政府遷台後第一年在台中車站原址成立。因為店名取為「沁園春」，剛好毛澤東不久前才發表一首名為「沁園春・雪」的詞，在當時戒嚴及政治敏感時期，才開業第一天，老闆就被警備總部抓走，最後還是靠蔣經國的老師，也是這家店命名者吳稚暉一張與蔣中正的合照才度過危機，可說是一家充滿故事性及傳奇性的餐廳。

1　　1.2. 沁園春外觀
2　　3. 老師傅
3

店內的招牌眾多，蔣緯國每來必點的無錫肉骨頭、小籠包、清炒鱔糊就成了這家店的招牌菜。無錫肉骨頭要先滷過、炸再燒過才能做到骨肉分離，是道功夫菜。清炒鱔糊則是先將鱔魚燒至五分熟，再用小壺裝熱香油，上菜時直接淋上去，滾燙的香油一下，白煙裊裊，香氣四溢。蔣宋美齡愛吃的千層糕，也是這裡的熱門單品。

　　一道有愛的料理玫瑰包，是餐廳的招牌，早期老闆的曾祖母生病胃口不好，吃不下東西，因為曾祖母喜歡玫瑰花，因此主廚將玫瑰花瓣搗碎，加入梅子以及桂花釀成餡，包在包子裡。玫瑰包食用時要先用剪刀剪開趁熱吃，一入口玫瑰花香飄出，據說玫瑰花釀熟成時間約 3 至 5 年，是道時間釀成的美食。

　　在那個年代沁園春冠蓋雲集，蔣緯國、林洋港、吳伯雄、郝伯村、宋楚瑜都是座上賓，就連蔣中正都指名要吃這家餐廳的料理，店外常有黑頭車及隨扈出入，這可從店內的老照片看出端倪。現在沁園春裡滿是前來懷舊的賓客，不少老伯伯、老阿嬤訴說著他們孩提時代父母就曾帶他們來過，到這裡享用的是一種時光的味道。有了米其林加持後，年輕人變多了，繼續迎接下一個世代的開始。

　2　1. 吳稚暉與蔣中正的合照 2. 早期的沁園春對面是台中大戲院
1　3　3. 沁園春第二代經營者蔣信丞（右）和蔣緯國將軍（左）的合照

推薦必吃

01　無錫肉骨頭

02　醉雞

03　清炒鱔糊

04　奶油白菜

05　小籠包

06　玫瑰包

07　千層糕

INFO

☆　台中市中區臺灣大道一段 129 號

⊘　11:00 ～ 14:00、17:00 ～ 21:00

🚍　從台中車站前站出口步行約 6 分鐘、iBike 約 4 分鐘

地圖

FB

米其林
★ 星
3 星

🍴 新加坡料理　　🚌 捷運水安宮站

**JL Studio**

☆ 南屯區益豐路四段 689 號 2 樓

米其林
★
1 星

🍴 時尚台灣菜　　🚌 捷運市政府站

**文公館**

☆ 台中市西屯區文心路二段 636 號

🍴 法國菜　　🚌 捷運水安宮站

**鹽之華法國餐廳**

☆ 台中市西屯區市政路 581-1 號

🍴 地中海料理　　🚌 捷運市政府站

**Forchetta**

☆ 台中市西屯區惠中六街 15 號 2 樓

🍴 和牛　　🚌 捷運水安宮站

**俺達的肉屋**

☆ 台中市西區公益路 192-1 號

🍴 現代台菜　　🚌 捷運水安宮站

**澀 Sur-**

☆ 台中市中區中山路 29 號 3 樓

米其林
入選

🍴 海鮮　　🚌 捷運豐樂公園站

**千味海鮮**

☆ 台中市南屯區文心南五路一段 326 之 3 號

🍴 創新菜　　🚌 捷運南屯站

**滿堂**

☆ 台中市西區存中街 39 巷 3 號

🍽 西餐　　🚇 捷運南屯站

## 中山招待所

☆ 台中市西區五權西六街 27 號

🦐 燒烤　　🚇 捷運南屯站

## 脂。板前炭火燒肉

☆ 台中市西區五權六街 61 巷 1 號

🍱 日本菜　　🚇 捷運南屯站

## 潔

☆ 台中市西區存中街 29 號

🍴 臺灣菜　　🚇 捷運南屯站

## 膳馨

☆ 台中市西區存中街 21 號

🍴 泰菜　　🚇 捷運南屯站

## 湄南河

☆ 台中市南屯區公益路二段 783 號

🍴 印度菜　　🚇 捷運南屯站

## 洪里思

☆ 台中市西區存中街 47 號

🍴 時尚台灣菜　　🚇 捷運文心森林公園站

## 卉寓

☆ 台中市西區昇平街 22 巷 3 號

🍜 小吃　　🚇 捷運文心森林公園站

## 在來

☆ 台中市西區向上路一段 231 號

🍣 壽司　　🚇 捷運文心森林公園站

## 銘心

☆ 台中市南屯區大觀路 66 號

🍳 鐵板燒　　🚇 捷運文心森林公園站

## 森鐵板燒

☆ 台中市南屯區益豐路四段 502 號

🥩 牛排　　🚇 捷運水安宮站

## KR Prime Steak

☆ 台中市西屯區市政北二路 52 號

🍽 時尚歐陸菜　　🚇 捷運水安宮站

## PI

☆ 台中市南屯區大進街 373 號

🍴 台灣菜　　🚇 捷運水安宮站

## 東方龍

☆ 台中市南屯區公益路二段 271 之 1 號

🍳 牛排　　🚇 捷運水安宮站

## 橡木炙烤牛排館

☆ 台中市南屯區益豐路四段 699 號

🍴 創新菜　　🚌 捷運水安宮站

**元 Yuan**

☆ 台中市南屯區大墩十七街 35 號

🍷 時尚法國菜　　🚌 捷運市政府站

**FReNCHIE FReNCHIE**

☆ 台中市西屯區文心路二段 636 號

🍴 海鮮　　🚌 捷運市政府站

**響海鮮**

☆ 台中市西屯區市政北二路 356 號

🍱 日本菜　　🚌 捷運市政府站

**鳥苑**

☆ 台中市西區忠明南路 48 號

🍜 麵食　　🚌 捷運市政府站

**英才大麵羹**

☆ 台中市北區英才路 215 號

🍴 臺灣菜　　🚌 捷運文心中清站

**阿禧師懷舊餐館**

☆ 台中市北屯區中清路二段 706 號

🍴 台灣菜　　🚌 捷運四維國小站

**溫叨**

☆ 台中市北屯區太原路三段 191 號

🍴 亞洲菜　　🚌 台鐵捷運台中車站

**豬肉榮小料理**

☆ 台中市東區復興路四段 17 巷 10-2 號一樓

🍴 時尚歐陸菜　　🚌 台鐵捷運台中車站

**TU PANG 地坊**

☆ 台中市東區復興路四段 17 巷 12 號 1 樓

🍴 現代菜　　🚌 台鐵捷運太原站

**瀞**

☆ 台中市北區健行路 86 巷 7 弄 33 號

🍱 日本菜　　🚌 其他地區

**飛花落院**

☆ 台中市新社區中興嶺街一段 111 號

🍷 時尚法國菜　　🚌 其他地區

**L' Atelier par Yao**

☆ 台中市太平區新福十六街 68 號 2 樓

🍴 臺灣菜　　🚌 其他地區

**菇神**

☆ 台中市新社區協中街 287 號

🍴 臺灣菜　　🚌 其他地區

**梅子**

☆ 台中市沙鹿區中山路 473-2 號

台中必比登

推薦

★ ★ ★ ★ ★

🍲 粥品　　🚇 捷運南屯站

**台客燒肉粥**

☆ 台中市南屯區五權西路二段 722 之 1 號

🍴 臺灣菜　　🚇 捷運文心森林公園站

**好先生**

☆ 台中市西區五廊街 29 之 8 號

🍴 臺灣菜　　🚇 捷運文心森林公園站

**羅家古早味**

☆ 台中市南屯區向上路三段 65 號

🍴 點心　　🚇 捷運文心森林公園站

**滬舍餘味**

☆ 台中市南屯區公益路二段 537 號

🍴 臺灣菜　　🚇 捷運水安宮站

**馨苑**

☆ 台中市西區民生北路 106 號

🍴 臺灣菜　　🚇 捷運水安宮站

**富狀元豬腳**

☆ 台中市西區美村路一段 203 號

🍲 小吃　　🚇 捷運水安宮站

**夜間部爌肉飯**

☆ 台中市西區精誠路 109 號

🍲 小吃　　🚇 捷運水安宮站

**小初店**

☆ 台中市南屯區大業路 243 號

🍲 麵食　　🚇 捷運水安宮站

**可口牛肉麵**

☆ 台中市西屯區大墩路 911 號

🍴 亞洲菜　　🚇 捷運水安宮站

**好菜**

☆ 台中市西區模範街 24 巷 1 號

🍴 現代菜　　🚇 捷運水安宮站

**MINIMAL**

☆ 台中市西區美村路一段 133 巷 16 號

🍴 素食　　🚇 捷運市政府站

**曙光居**

☆ 台中市西屯區大墩 18 街 104 號

| 台灣菜　　捷運北屯總站 | 臺灣菜　　台鐵捷運台中車站 |
|---|---|
| **竹之鄉** | **醉月樓** |
| ☆ 台中市北屯區東山路二段 1 號 | ☆ 台中市中區中山路 20 號 2 樓 |

| 臺灣菜　　台鐵捷運台中車站 | 臺灣菜　　台鐵捷運台中車站 |
|---|---|
| **范記金之園** | **富鼎旺** |
| ☆ 台中市太平區宜昌路 377 號 | ☆ 台中市中區臺灣大道一段 560 號 |

| 臺灣菜　　台鐵捷運台中車站 | 小吃　　台鐵捷運台中車站 |
|---|---|
| **富貴亭** | **台中肉員** |
| ☆ 台中市中區三民路二段 18 巷 31 號 | ☆ 台中市南區復興路三段 529 號 |

| 麵食　　台鐵捷運台中車站 | 麵食　　台鐵捷運台中車站 |
|---|---|
| **阿坤麵** | **上海未名麵點** |
| ☆ 台中市中區平等街 142 號 | ☆ 台中市中區市府路 69 號 |

| 江浙菜　　台鐵捷運台中車站 | 越南菜　　台鐵捷運台中車站 |
|---|---|
| **沁園春** | **越南你好** |
| ☆ 台中市中區臺灣大道一段 129 號 | ☆ 台中市中區成功路 92 號 |

| 京菜　　台鐵捷運五權站 | 臺灣菜　　台鐵捷運五權站 |
|---|---|
| **京華煙雲** | **咕嚕咕嚕原住民音樂餐廳** |
| ☆ 台中市西區五權七街 57 號 | ☆ 台中市西區五權西四街 13 巷 2 號 |

| 臺灣菜　　台鐵捷運精武站 | 小吃　　台鐵捷運精武站 |
|---|---|
| **彭城堂** | **木公麥面** |
| ☆ 台中市太平區宜昌路 377 號 | ☆ 台中市東區富貴街 37 號 |

🍜 小吃　　　🚊 台鐵捷運太原站

**鮮魚鱻**

☆ 台中市北區北屯路 75 號

---

🍴 臺灣菜　　　🚌 其他地區

**鳳記鵝肉老店**

☆ 台中市沙鹿區屏西路 170 號

---

🍴 客家菜　　　🚌 其他地區

**牛稼莊**

☆ 台中市東勢區新豐街 19 號

🍴 臺灣菜　　　🚌 其他地區

**沙卡燒酒雞餐館**

☆ 台中市大雅區中山路大同巷 9 弄 7 號

---

🍲 麵食　　　🚌 其他地區

**老士官擀麵店**

☆ 台中市沙鹿區屏西路 170 號

台中私房小旅行：在地導遊深度攻略！跟著捷運輕鬆遊，人氣景點、絕品美食、藝文散策，半日&一日這樣玩就對了！暢銷最新版

| | | | |
|---|---|---|---|
| 作者 | 克里斯·李 | 製版印刷 | 凱林彩印股份有限公司 |
| 責任編輯 | 李素卿 | 初版一刷 | 2024年7月 |
| 版面編排 | 江麗姿 | | |
| 封面設計 | 走路花工作室 | ISBN | 978-626-7488-14-0／定價　新台幣390元 |
| 資深行銷 | 楊惠潔 | EISBN | 9786267488126 (EPUB)／電子書定價　新台幣273元 |
| 行銷專員 | 辛政遠 | | |

作者　克里斯·李
責任編輯　李素卿
版面編排　江麗姿
封面設計　走路花工作室
資深行銷　楊惠潔
行銷專員　辛政遠
通路經理　吳文龍
總編輯　姚蜀芸
副社長　黃錫鉉
總經理　吳濱伶
發行人　何飛鵬
出版　創意市集 Inno-Fair
　　　城邦文化事業股份有限公司
發行　英屬蓋曼群島商家庭傳媒股份有限公司
　　　城邦分公司
　　　115台北市南港區昆陽街16號8樓

城邦讀書花園　http://www.cite.com.tw
客戶服務信箱　service@readingclub.com.tw
客戶服務專線　02-25007718、02-25007719
24小時傳真　02-25001990、02-25001991
服務時間　週一至週五9:30-12:00，13:30-17:00
劃撥帳號　19863813　　戶名：書虫股份有限公司
實體展售書店　115台北市南港區昆陽街16號5樓
※如有缺頁、破損，或需大量購書，都請與客服聯繫

香港發行所　城邦（香港）出版集團有限公司
　　　　　　香港九龍土瓜灣土瓜灣道86號
　　　　　　順聯工業大廈6樓A室
　　　　　　電話：(852) 25086231
　　　　　　傳真：(852) 25789337
　　　　　　E-mail：hkcite@biznetvigator.com

馬新發行所　城邦（馬新）出版集團Cite (M) Sdn Bhd
　　　　　　41, Jalan Radin Anum, Bandar Baru Sri Petaling,
　　　　　　57000 Kuala Lumpur, Malaysia.
　　　　　　電話：(603)90563833
　　　　　　傳真：(603)90576622
　　　　　　Email：services@cite.my

製版印刷　凱林彩印股份有限公司
初版一刷　2024年7月

ISBN　　978-626-7488-14-0／定價　新台幣390元
EISBN　　9786267488126 (EPUB)／電子書定價　新台幣273元

Printed in Taiwan
版權所有，翻印必究

※廠商合作、作者投稿、讀者意見回饋，請至：
創意市集粉專 https://www.facebook.com/innofair
創意市集信箱 ifbook@hmg.com.tw

國家圖書館出版品預行編目資料

台中私房小旅行：在地導遊深度攻略！跟著捷運
輕鬆遊，人氣景點、絕品美食、藝文散策，半日&
一日這樣玩就對了！暢銷最新版/克里斯·李著；--
初版 -- 臺北市；創意市集·城邦文化出版／英屬
蓋曼群島商家庭傳媒股份有限公司城邦分公司發
行，2024.07
　　面；公分
ISBN 978-626-7488-14-0（平裝）
1.CST: 旅遊 2.CST: 大眾捷運系統 3.CST: 臺中市

733.9/115.6　　　　　　　　　　　　　113007434